基于货币动态调控的经济模型理论与分析

THEORY AND ANALYSIS OF ECONOMIC MODEL BASED ON MONETARY DYNAMIC CONTROL

王　莉·著

中国财富出版社

图书在版编目（CIP）数据

基于货币动态调控的经济模型理论与分析 / 王莉著. —北京：中国财富出版社，2019.10

ISBN 978-7-5047-7074-5

Ⅰ.①基… Ⅱ.①王… Ⅲ.①货币管理—行政干预—宏观经济模型—研究 Ⅳ.①F820.3

中国版本图书馆 CIP 数据核字（2019）第 234629 号

策划编辑 谢晓绚 周 畅 **责任编辑** 吴婉素
责任印制 梁 凡 **责任校对** 杨小静 **责任发行** 张红燕

出版发行 中国财富出版社
社 址 北京市丰台区南四环西路 188 号 5 区 20 楼 **邮政编码** 100070
电 话 010-52227588 转 2098（发行部） 010-52227588 转 321（总编室）
010-52227588 转 100（读者服务部） 010-52227588 转 305（质检部）
网 址 http://www.cfpress.com.cn
经 销 新华书店
印 刷 北京九州迅驰传媒文化有限公司
书 号 ISBN 978-7-5047-7074-5/F·3087
开 本 710mm×1000mm 1/16 **版 次** 2019 年 10 月第 1 版
印 张 12 **印 次** 2019 年 10 月第 1 次印刷
字 数 177 千字 **定 价** 52.00 元

前 言

通货膨胀是一个古老的现象，是从货币用作交换手段以来人类经济史的一大特征。最早有记载的古代世界通货膨胀发生在亚历山大（Alexander）大帝征服波斯王国（公元前330年）之后，罗马帝国在公元3世纪末戴克里先（Diocletian）统治期间曾发生过相当剧烈的通货膨胀[①]。在中国，通货膨胀的历史可以追溯到公元8年的王莽改革时期。几千年来，通货膨胀已发展成一个非常广泛的问题，可以说人们对它的认知度和货币经济学一样广泛。

通货膨胀发生的前提是要有通货存在。金·哈伯特说过，在一万人中只有一个懂得通货问题，而我们每天都碰到它[②]。通货的产生，才有了通货膨胀现象。从历史的角度看，自从通货产生开始，世界各国无一幸免，均发生过通货膨胀。从通货到通货膨胀，波动幅度最大的时期往往是战争时期，因此，第二次世界大战以后，随着对经济萧条与对大量失业恐惧的逐渐消失，混合经济体制又面临着物价“长期上涨—通货膨胀”的威胁。

长期以来，几乎人人都谈论通货膨胀，这个术语早已被人们所熟知，然而，人们并未把它当作一种现象予以重视。实践证明，世界各国无论是贫是富，都经历过通货膨胀，即使在非战争时期，通货膨胀也时有发生，它已成为周期性的循环现象。尽管各国政府对通货膨胀采取了种种抑制措施，但它

---

① 伊特韦尔，米尔盖特，等．新帕尔格雷夫经济学大辞典［M］．北京：经济科学出版社，1996.

② 萨缪尔森．经济学［M］．北京：商务印书馆，1979.

并未由此消失，甚至还在有些国家愈演愈烈。通货膨胀也一直困扰着经济学家们，于是他们将通货膨胀作为国民经济发展中一个重要的指标进行研究，试图解决这个一直难以解决的课题。长期以来，学者们对通货膨胀所持的态度褒贬不一，形成了经济学的不同流派。本书将以通货膨胀为中心，在中外理论成果的基础上，对通货膨胀理论的发展进行梳理和论述。

王　莉

2019 年 10 月

目　录

第一章

通货膨胀的历史

第一节 概述

通货膨胀即使暂时不会到来，但是随着人类社会的发展，社会经济现象会越来越复杂，在各种因素作用下，也将越来越临近我们。因此，研究通货膨胀的理论及其发展，首先需要弄清其历史脉络。

从中国历史上看，早在魏晋南北朝、金朝和元朝就已经出现过通货膨胀现象。魏晋南北朝时期是我国历史上最长的动乱时期。在这长达三个多世纪的时间里，我国的经济环境受到了严重的破坏，经济发展大为延缓。通货紧缩和通货膨胀时有发生。

中国是世界上纸币流通极早的国家之一，这在史籍中早有记载①。公元1023年11月，北宋政府开始实行官交子制度。为了聚敛货财，蔡京当权期间，在货币流通方面的措施主要就是铸行当十大钱、夹锡钱和推广纸币，积极进行通货膨胀政策。后来，由于滥发纸币，四川纸币的流通额在大观年间增至二千数百万缗（mín），并且不再有现金准备，因而，最后钱引一贯曾贬

① 李逸友．内蒙古巴林左旗出土北宋银铤［J］．考古，1965（12）．

值至十余文或数十文[1]。“交子”改为“钱引”后被称为“川引”，其一直流通到南宋时期。理宗绍定四年（公元 1231 年），南宋纸币急剧贬值，通货膨胀日益恶化，四十余年后南宋政府灭亡。

在金朝，由于战争等原因，货币流通的稳定性遭到破坏，终于在此朝代的最后二十年间，“交钞”崩溃，出现了纸币的恶性通货膨胀，这在历史上成了典型[2]。

元代纸币制度的实施，为元朝统治者利用纸币通货膨胀，加重对人民的剥削创造了便利的条件。在元世祖忽必烈最初的十多年期间，纸币制度和纸币购买力大致维持稳定；但是，从至元十七年（公元 1280 年）以后，纸币通货膨胀的现象愈加显露，造成了“物价腾涌，价逾十倍”的局面。在此情形下，元统治者除了不断增发纸钞，还改发新钞，加倍实行通货膨胀政策。

中国古代货币经济的发展无论是从时间上，还是从发展程度上，都居于领先地位。迄今为止，西方国家尚未发掘到公元前 8 世纪之前的金属铸币，仍把小亚细亚西部的吕底亚作为世界上除中国以外的最早铸币国家[3]。在大约公元前 7 世纪，中国的刀、布等金属铸币就早已开始流通了。在货币经济漫长的发展过程中，中国最初的通货膨胀现象出现在西汉的公元 8 年间。

从世界历史上看，西方最初的通货膨胀发生在 14—16 世纪。欧洲价格革命和 19 世纪 50 年代出现的铸币通货膨胀都是由于铸币币材本身价值贬损造成的。此时，地理大发现的成功，西班牙、葡萄牙、荷兰等国开展大规模海外殖民活动，从海外搜刮的大量黄金积聚到欧洲市场。在当时，这种海外殖民活动获取黄金的成本十分低廉，造成黄金价格的急剧下跌。19 世纪 50 年代，美国加州旧金山等地及澳洲东部均发现金矿，因采取先进的生产技术对黄金进行开采，使黄金产量大增。由于生产力提高而产生的低价黄金流入市

① 脱脱．宋史［M］．北京：中华书局，1985.

② 萧清．中国古代货币史［M］．北京：人民出版社，1984.

③ 希罗多德．历史［M］．王以铸，译．北京：商务印书馆，1959.

场，造成整体金价下跌，这种币材价值贬损引发的通货膨胀符合等价交换原则，当币材价值贬损时，铸币价值就会下降，使流通等式变成不等式，通过通货膨胀，纠正了价值贬损造成的偏误，回归等价交换原则。因而，这种通货膨胀是一种均衡调节的机制。

中国通货膨胀可划分为四个阶段，分别是：第一阶段，中国古代金属铸币时期的通货膨胀；第二阶段，中国古代货币时期的通货膨胀；第三阶段，中国近代时期纸币的通货膨胀；第四阶段，中国现代时期纸币的通货膨胀。

第二节　中国古代金属铸币时期的通货膨胀

中国古代金属铸币时期的通货膨胀可追溯到公元 8 年，王莽篡汉自立开始的币制改革时期。他在公元 7—14 年，连续进行了四次货币改革，当时表现为金属铸币的货币贬值。据记载，中国历史上曾经出现过铜、银、金、铁、铅等金属铸币，以铜铸币居多。在古代发行铜铸币时期，出现过多次名义价值和实际价值不相符，而造成的货币贬值、物价上涨和社会不稳定的现象。按时期划分，从王莽时代金属铸币时期到清咸丰时期，较严重的通货膨胀发生过 12 次①。其中第十二次，即清咸丰三年（公元 1853 年），政府在发行纸币的同时，京局铸造了五等大钱，咸丰朝“宝钞制”的复杂和混乱程度远比王莽时代的宝货制要高很多。“宝钞”一出笼，物价飞涨，铸局猛增，纷纷出铸。由于旧钱每千重 120 两，熔化可铸当千大钱三十，使私铸数很快超过官铸。因此，咸丰朝的“宝钞制”造成中国近代史上最严重的一次恶性通货膨胀②。

---

① 范晔．后汉书［M］．北京：中华书局，2007.

② 千家驹，郭彦岗．中国货币发展简史和表解［M］．北京：人民出版社，1982.

第三节　中国古代货币时期的通货膨胀

中国古代货币时期主要的通货膨胀发生过六次。

一、第一次，发生在北宋

此时的“交子”（后改为“钱引”）是中国乃至世界上最早流通的纸币，这种纸币大约产生于淳化五年（公元 994 年）间，“交子”以铁钱为钞本，币值较稳定，对当时的经济发展起到了促进作用。因为对西北用兵，先后共发行无钞本“交子”60 万贯，用以充军费，后来规定两界“交子”同时使用，引起贬值。为对付西夏，“交子”增加发行额达 188 万余贯，由于是两界发行，所以实际数加倍，使通货膨胀加剧。不久，又发行纸币，大部分贬值 75%，有些地区甚至贬值了 90%，引起物价飞涨，民怨连连，埋下了北宋政权走向灭亡的伏笔。

二、第二次，发生在南宋①

此时是纸币广泛发展时期，种类较多，主要是由官府负责发行的“会子”。开始发行额还有所控制，可到后来就两界并行，最后出现了三界并行。公元 1201—1204 年，两界的发行量已达 4120 余万缗，到公元 1209 年，“会子”的发行量已高达 11560 余万贯，通货膨胀日显严重。此后三十八年中，“会子”从发行 14000 余万缗逐步增加到 65000 余万缗，至此已一文不值。

公元 1264 年，“金银现钱关子”或称“铜钱关子”和“银关”发行，每贯作铜钱 770 文。“关子”发行后，南宋纸币出现急剧贬值现象，致使政府趋于崩溃，不久就灭亡了。

① 李心传．建炎以来朝野杂记［M］．北京：中华书局，2016.

三、第三次，发生在金朝时期

当时的政府开始发行纸币，称为“交钞”。七年为一界，期满后兑现或换新钞，直至公元 1189 年，政府取消七年为界，使“交钞”成为长期流通的纸币。由于宋、金发生战争，军费增加，财用不足，货币流通的稳定性遭到严重破坏，开始发生通货膨胀。金朝最后二十年，经济萧条，军费开支巨大，各种纸币轮番登场，通货膨胀更加严重。随着 200～1000 贯大面值“交钞”的发行，每贯交钞值贬至一钱，而民间交易往往是使用现钱。公元 1215 年，改“交钞”为“贞祐宝券”，这时军费开支庞大，钞值猛跌，仅一年时间，“宝券”每券已贬值至几文钱了。实际上，金朝的纸币通货膨胀是有史以来比较典型的。

四、第四次，发生于元朝中统元年

元政府开始印行“中统元宝交钞”，同年又印行了“中统元宝钞”，从此，建立起统一的纸币制度——钞法。公元 1280 年以后，出现了恶性通货膨胀，到公元 1350 年，米价每石高达旧钞六十七贯，是当初的六十七倍。元政府除了增发纸钞外，还改发了新钞，变本加厉，实行通货膨胀政策。

五、第五次，发生在元、明之际

公元 1375 年，政府开始制造“大明宝钞”，同时禁止民间金银买卖，只允许向政府换纸钞，同时，恢复、建立了纸币流通制度。此时，是以纸币为主，铜钱为辅，层次非常简明。大明宝钞发行后不久，由于投放太多，导致纸币贬值，通货膨胀的迹象逐渐显露。公元 1385 年 2—12 月，在政府每年收入仅几万两白银的情况下，发行宝钞 6949599 锭，每锭 5 贯，共 34747995 贯，折合银 3000 多万两，额度相当于银收入的 1000 倍左右。

六、第六次，发生在清咸丰年间

公元1851—1861年，太平天国及捻军起义期间，当时军费激增，国库枯竭，为了“济国用之不足”，政府发行了两种纸币：官票（银票）和钱票（钱钞）。清政府规定纸币与银钱并重，出纳全都以五成搭用。但实际上政府自己坏了章法，在收款时少收或拒收钞票，支付时多付钞票，造成钞价大跌。百姓在持钞购物时，商店不是涨价，就是匿货不卖。这种做法给外国人带来可乘之机，他们以低价收购钞票，按五成去交关税，引起官票继续贬值，最终激起了民变。至此，清政府下令课税停止收钞，只收实银，各项开支也不再用钞票，时隔不久官票官钞就废止了。咸丰年间的“宝钞制”复杂而混乱，造成了中国近代史上一次严重的恶性通货膨胀。清政府发行钞票采取了放任政策，官方、中央、地方、中外商人都可以任意发行钞票，造成钞票种类繁多、币制混乱、通货膨胀日益严重，人民深受其害。

第四节　中国近代时期纸币的通货膨胀

清末至1918年，是外商银行纸币在中国迅速发展、流通量大而广泛的时期。中国近代时期纸币的通货膨胀程度比古代时期更加严重，比较严重的通货膨胀主要有以下三次。

一、第一次，“停兑风潮”

北洋军阀开始统治以后，规定全国各省均可发行可兑现的银行券作为筹款办法。由于缺乏兑换准备，因此，信用低下，币值日跌。当时，北洋军阀筹款主要由中国银行和交通银行发行可兑现的银行券。1915年袁世凯企图恢复帝制，加之云南起义军费大增，强迫动用中国银行和交通银行的现银准备，致使国库空虚，引起商人和民众争相兑现。1916 年 5 月，北洋政府下令，中国银行和交通银行钞票停止兑现，于是，市面出现了物价上涨、现银绝迹的情况，银行对北洋政府的垫款却日渐增多，到 1916 年 5 月停兑时，京钞流通及存款数额合计 2600 多万元，1916 年 10 月已达 4600 万元，1917 年 12 月竟增加到 9700 万元，使京钞币值迅速下跌至 7～9 折，这就是历史上发生的中国银行和交通银行的“停兑风潮”。虽然这次通货膨胀的范围仅限于北京和天津地区，并且中国银行和交通银行采取了供款和发行公债措施，但也花了六七年的时间才把京钞陆续收回，稳住了币值，使这次“停兑风潮”没有造成严重的后果。

二、第二次，“废两改元”与“法币”政策

这是国民党统治时期币制改革的两件大事。1933 年 4 月，国民党政府宣布废除银两，并确定以银本位币的“元”为单位。废“两”改“元”后，1935 年 11 月，国民党政府为了摆脱美国白银政策引起的白银上涨对采用银本位制的中国带来的严重影响，实行了“法币政策”，对货币制度进行了改革。规定由中央银行、中国银行、交通银行这三家银行（后又加中国农民银行）发行的钞票为“法币”；禁止白银在市面流通；将白银收归国有，到 1936 年年底，仅“白银国有”上缴给国民党政府的白银就高达 3 亿元以上；并规定“法币”汇价为 1 元等于英镑 1 先令 2 便士半，由中央银行、中国银行、交通银行无限制地买卖外汇。此后，钞票从可兑现变为不兑现的纸币。1937 年之前，法币发行额不过 14 亿多元，到日本投降前夕已达 5000 多亿元。

1942 年 7 月，由于法币的发行集中到中央银行，国民党政府完全控制了金融事业，无限制地发行法币，使通货膨胀不断出现。从 1947 年 4 月到 1948 年 8 月短短一年多时间里，法币发行量就是抗战前夕的 47 万倍，物价较战前上涨了 3492 万倍。当时在上海理发一次需要 240 万元；买一斤茶叶约需要 80 万元；买一条毛巾也要 120 万元，出现了“战前能买 1 头牛，此时只买 1/3 包火柴”的物价飞涨的局面。

三、第三次，“法币”的破产

1948年8月19日，国民党政府进行最后的挣扎，又实行了一次“币制改革”，即发行“金圆券”。此券由中央银行发行，限额为20亿元，其中必须有40%为金、银、外汇。金银外币限期兑换金圆券，不在限期内兑换者没收法币，还规定了按300万元兑换金圆券1元收兑。据统计，从1948年8月23日至10月31日，中央银行收兑的金银外汇超过了1.5亿美元（实际上，远远超过了这个数字，估计有3.7亿美元）①，于是中央银行宣布取消限额。此后，发行额直线上升，物价极速上涨。抗战前1元法币可以买20斤大米，但实行金圆券后，1粒大米都买不到了，这在世界货币史上极其罕见。到1949年4月，南京宣告解放，同年6月，金圆券完全禁止流通。仅仅发行了9个月，金圆券就变成了废纸。此时，发行额已达到原发行额的65万倍，约130万亿元，至此，历时十二年的恶性通货膨胀宣告结束。这个时期的恶性通货膨胀比第一次世界大战后德国马克贬值还要厉害得多，它在古今中外币制史上是史无前例的②。

第五节　中国现代时期纸币的通货膨胀

中华人民共和国成立以后，货币制度得到了健康发展，人民币从本质上与中华人民共和国成立前的货币有着很大的差异。中华人民共和国前的货币制度，是统治阶级用来维护其自身利益，榨取劳动人民血汗的工具。1937—1948年，统治阶级不惜利用恶性通货膨胀，掠夺了人民150多亿元的银圆财

① 美国国务院．美国与中国的关系［M］．北京：中国现代史资料编辑委员会，1957.

② 千家驹，郭彦岗．中国货币发展简史和表解［M］．北京：人民出版社，1982.

富，对整个国民经济造成了无法估算的损害。中华人民共和国成立后的货币制度作为发展生产和繁荣经济的杠杆，是我国整个国民经济制度的一个重要组成部分。

从 17 世纪开始，纸币遍布世界，迄今没有一个国家存在使用纸币流通而无通货膨胀发生的情况，只是通货膨胀的形式和程度不同罢了。

中华人民共和国成立以来不同程度的通货膨胀发生过十一次。

一、第一次，发生在 1949 年

人民政府的财政支出随着解放区的不断扩大而大增。然而，政府财政收入出现了赶不上支出需求的现象，只能通过发行钞票来满足需求，结果钞票发行过多，引起了物价上涨。从 1949 年 6 月至 1950 年 2 月，短短 8 个月就发生了四次大的物价波动：1949 年中华人民共和国成立，政府将人民币确定为全国统一货币。国民党政府逃往台湾之前，在广州、重庆等地发行了“银圆券”，致使物价上涨了 19 倍；在 1950 年 1 月至 3 月，物价比 1949 年年底又上涨了 1 倍①；上海更为突出，米价上涨近 21 倍、报纸上涨近 28 倍、卷烟上涨近 38 倍，化工原料中的二硝基竟然上涨 68 倍②！面对这种形势，中共中央政府果断实行全国范围的财政经济工资统一管理和统一领导措施，全国人民积极交粮纳税、买公债，实现了财政收支平衡、现金收支平衡和物资调拨平衡，最终制止了通货膨胀，使物价稳定下来，结束了国民党政府造成的通货膨胀、物价飞涨的局面，为国民经济迅速恢复和发展提供了有利条件。

二、第二次，发生在“第一个五年计划”时期

1953 年，“第一个五年计划”开始，因基本建设投资过猛及农业贷款增加过

---

① 郭瑞楚．恢复时期的中国经济［M］．上海：三联书店，1953．

② 中国科学院上海经济研究所，上海社会科学院经济研究所．上海解放前后物价资料汇编［M］．上海：上海人民出版社，1958．

多，社会购买力极大地超过了商品供应量，出现了通货膨胀的现象。政府及时采取限购消费品措施，开始凭证、凭票供应消费品，分别于1954年和1955年对棉布及其制品和粮食发票执行管理。人们凭购物票购物，买布及其制品凭布票、买粮食凭粮票，实行统购统销方式。从此，票证成为抑制消费品的“灵丹妙药”，直到1961年，又增加了棉毛衫、棉毛裤等二十六种棉制品的凭票供应。除此之外，糖、烟、酒、菜也采取了凭证供应方式，还有电视机、收音机、自行车、缝纫机、手表等高档消费品，也需要凭票和指标购买。

三、第三次，发生在1956年

1956年，当时我国正处于社会主义改造建设高潮时期，在对私营企业改造迅速完成的胜利面前，出现了基本建设、职工工资、农村投放一拥而上和急于求成的做法，使年内预算的基本建设拨款比上年增长了58%，而财政收入仅比上年增长5.7%；再加上职工人数增长和大幅度工资调整，工资总额比上年多37亿元。以往每年农业贷款仅递增1亿～2亿元，而这一年主要用于农业合作化，发放给贫农合作基金的贷款猛增了19亿元；此外，向手工业和公私合营企业多发放了9亿元的贷款，造成财政赤字，市场货币流通量比上年增加42%，货币贬值、市场紧张，商业库存减少17亿元。但国家根据积累和消费的比例，及时压缩基本建设，同时采取回笼通货措施，使市场基本处于稳定。

四、第四次，发生在1958年前后

当时，国家实施了货币大投放。当时基本建设投资比上年几乎翻了一番，职工人数迅猛增加，比上年增加了2000万人，到1958年年底已超过4500万人，1960年年底达到了5000万人；三年工资总额增加了100亿元。市场供应紧张，国民经济各部门之间比例失调，同时，因自然灾害等原因，我国国民经济出现了严重困难，在1961年发生银行储蓄大下降现象。针对这种情况，中共中央政府及时提出“调整、巩固、充实、提高”的八字方针，调整国民经济，于1962年颁布了加强银行工作的“六条决定”，对国家银行实行管紧信贷口子的彻底、垂直领导，实施压缩基本建设投资和文教战线，实行消费品高价政策等非常措施，解决市场供应问题。经过四年的调整，经济从1965年开始全面好转。

五、第五次，发生在1966—1976年

在此期间，我国国民经济再次遭到破坏。直到1971年，发展国民经济的“第四个五年计划”到来，国民经济才有所好转。

1975年，货币购买力和商品供应之间出现很大的缺口。为解决这种严重的比例失调，从1979年开始，政府采取了纠正措施，执行“调整、改革、整顿、提高”的方针。

六、第六次，发生在1978—1983年

这段时间，中国拉开了改革开放的序幕，开始从计划经济向市场经济转型。此次改革主要是针对物价、农业、企业、银行管理体制和财政管理体制五个方面进行的改革。在物价方面，以调整价格结构为主，以放开为辅，实行了完善计划价格体制，逐渐引入市场机制的策略。在1979年大幅度提高农产品和八类副产品及其制品价格的情况下，商品市场出现了统购价格收购和超购价出售双重价格体制的迹象。

随着改革进程的加快，经济问题逐渐暴露出来，自1984年以来，中国的物价进入了第一个波动周期，物价总指数水平持续上涨，出现了通货膨胀迹象。为了稳定物价，中共中央于1979年9月28日通过了《中共中央关于加快农业发展若干问题的决定》，指出：要给消费者以适当补贴。随后还针对农业、企业、银行管理体制和财政管理体制改革中出现的问题，颁布了一系列通知和文件，避免了严重的通货膨胀发生。

七、第七次，发生在 1984—1985 年

我国经济从 1982 年开始，经过连续两年多的发展，进入了高速增长时期。从 1984 年第四季度起，经济出现明显的过热势头。为了满足经济高速发展需要，弥补财政赤字，中央银行开始超量发行货币，使年末流通中的货币比上年同期上涨 49.5%，达到 792.1 亿元，通货膨胀直线上升，10 月发生了改革开放以来第一次“抢购风”，年底零售总额为 944 亿元，比上年同期上涨了 28.8%，1985 年，物价上涨幅度为 8.8%。为了防止经济状况进一步恶化，央行开始实施以平衡信贷、降低通货膨胀率为主要目标的货币政策。这次货币政策的实施，是我国由行政命令转变为宏观调控、由计划经济转向市场经济的一个标志，但由于我国市场经济的程度还不高、货币政策工具还不完善，此次货币政策效果并不明显。

八、第八次，发生在 1986—1988 年

此阶段中国经济正处于持续发展阶段，物价指数在前几年经济发展拉动下，继续向上攀升，达到了改革开放以来第一个历史高点。1986 年物价指数上涨 6.0%（以 1985 年物价指数为基数）；1987 年物价指数上涨 13.7%（以 1985 年物价指数为基数）；1988 年物价指数上涨 34.8%（以 1985 年物价指数为基数）。其主要原因是政府为满足社会固定资产投资增长的要求和解决企业资金短缺的问题，从 1986 年开始加大财政支出，不断扩大财政赤字，特别是 1988 年实行财政“包干”体制后，社会需求猛增，同时，为了解决财政赤字问题，货币连年超经济发行，同年第四季度，市场中的货币流通量为 2134 亿元，比上年同期上涨 46.7%。货币的超量发行，致使市场货币流通量剧增，引发了物价的上涨。物价上涨幅度高达 18.5%，货币大量贬值。同年 5 月，中共中央政府宣布物价补贴由暗补转为明补；6 月，中共中央政府一再表示要克服价格改革的障碍；7 月，中共中央政府尝试着开放了名牌烟酒的价格，这

一系列措施加剧了居民不确定性心理，引发了 1988 年 8 月的抢购风和挤兑银行存款的现象，使 1988 年第四季度末的零售总额比上年同期上涨了 20.3%，8 月银行存款减少了 26 亿元，官方宣布的通货膨胀率达到 18.5%。

为整顿此次通货膨胀，中共中央采取了全面“治理整顿”措施。1987—1991 年，消费品物价的上涨主要是食品和衣着价格的上升，而食品价格上升是农业生产周期波动的反映。经验表明，我国农业存在着 4～5 年一次的周期性波动，波动的主要因素是市场价格变化。针对 1986 年出现的通货膨胀，中央银行着手制定相关货币政策抑制通货膨胀，然而，此轮货币政策的制定并不成功。就像财经作家吴晓波概括的：我们遇到了前所未有的严重问题。最突出的就是经济生活中明显的通货膨胀、物价上涨幅度过大，社会上的某些消极腐败现象也使人触目惊心。[①]

九、第九次，发生在 1993—1997 年

1990—1992 年中国经历了三年的低通货膨胀期，1992 年之后中国经济开始活跃起来。到 1993 年上半年，通货膨胀压力开始上升，金融业陷入无序状态，金融市场的大量资金集中于沿海地区的房地产市场，银行、金融机构和地方政府为了实现各自不同的利益，逃避央行的规定和监管，纷纷对房地产业进行大量融资，使货币量超量投放，信贷规模一再突破计划。从 1993 年下半年开始，中央政府实行了紧缩的货币政策，采取了加强金融纪律、使国有银行与其隶属的信托投资公司分离、所有专业银行必须立即取消计划外贷款、限制地区间贷款、派出工作组到各省检查执行情况等主要措施。此时人民币大幅度贬值，美元对人民币的比率从 1∶5.64 迅速上升至 1∶8.27，国际收支恶化。在高涨的投资需求下，财政赤字和货币供应量超常增长，通货膨胀全面爆发，在这种经济过热的紧急情况下，政府货币政策的主要目标就是抑制

① 吴晓波．激荡三十年［M］．北京：中信出版社，2017．

日益严重的通货膨胀和重新获得国际收支平衡。

另外，1992—1993 年中国经济出现了严重的泡沫现象和高通货膨胀率以及潜在的金融风险。从 1993 年夏天开始，中央实施“软着陆”的攻关调控，在货币政策方面出台了 13 条压缩银行信贷规模的措施，使新增货币供应量从 1993 年的 1528.7 亿元减少到 1994 年的 1423.9 亿元和 1995 年的 596.8 亿元。由于这次调控吸取了以前货币紧缩过度造成经济过冷的教训，在货币政策的实施中一直遵循着“适度从紧”原则，1996 年成功地实现了经济的“软着陆”。实际上，此次政策的实施，还是存在着一些负面效应，即信贷状况的收紧在一定程度上损害了综合信贷的平衡；对地区间信贷的限制大大降低了货币流通速度；紧缩措施在很大程度上损害了非国有企业；官方利率和市场利率之间出现巨大差额（当时，沿海专业银行的贷款利率为 10%～16%，市场利率却是 20%～35%）。

十、第十次，发生在 2003 年

2003 年全国居民消费价格总水平比上一年上涨 1.2%。其中，城市上涨 0.9%；农村上涨 1.6%。在居民消费价格中，食品价格上涨 3.4%；服务价格上涨 2.2%；商品零售价格下降 0.1%；工业品出厂价格上涨 2.3%；原材料、燃料购进价格上涨 4.8%；固定资产投资价格上涨 2.2%；农产品生产价格上涨 4.4%（其中，谷物上涨 2.3%，棉花上涨 35.3%，油料上涨 19.4%，畜产品上涨 1.8%）。通货膨胀压力主要来自对投入工厂、道路及其他基础设施项目建设的原材料和其他商品的庞大需求。与此同时，随着经济的高速增长，中国对原材料的需求量急剧增加。这一年，采取了稳健的货币政策，中国的原油进口比上年增加了 31.2%，创造了 9110 万吨的纪录。

十一、第十一次，发生在 2005—2007 年

由于经济增长过快和长期的国际顺差，在 2005—2007 年间发生了较严重的通货膨胀，直到 2008 年国际金融危机，我国通货膨胀率达到了 5.90% 。

第六节　世界历史上著名的恶性通货膨胀

众所周知，几乎所有国家都发生过不同程度的通货膨胀，其中世界史上有记载的恶性通货膨胀，基本集中发生在20世纪。工业革命以后，人类社会进入了前所未有的高速发展阶段，社会中的经济问题不断出现，受到各方面因素的影响，20世纪发生的恶性通货膨胀主要集中在以下三个时期：第一次世界大战后、第二次世界大战后以及20世纪80年代的债务危机时期。

一、第一次，发生在第一次世界大战后的德国（1923—1924年）

第一次世界大战后，受战争影响，欧洲的5个国家，包括奥地利、德国、匈牙利、波兰和苏联均陷入恶性通货膨胀之中。第一次世界大战使世界版图重新划分，强大的奥匈帝国一分为二；俄国的十月革命，使世界上诞生了第一个社会主义国家。德国战败，法国为了防止德国东山再起，不惜出兵抢占鲁尔工业区。德国作为战败国，按照《凡尔赛和约》，需要支付约1320亿金马克的巨额战争赔款，面对如此高额的赔款，德国政府宁肯采取相对极端的方式——发行纸币，也不想赔款。1919年，德国全年货币发行量500亿马克，时隔4年，德国货币发行量竟高达5万亿亿马克，物价飞涨200亿倍，1美元可以兑换42000亿马克，当时的马克连纸都不如。1922—1923年，德国的通货膨胀率已高达29000%。如此规模的恶性通货膨胀，给德国广大民众的生活和国家的经济发展带来了极其严重的影响。

二、第二次，发生在20世纪80年代的阿根廷（1975—1992年）

在经历了前所未有的经济高速增长和创纪录的贸易盈余之后，迎来了1973年的石油危机。阿根廷陷入了经济衰退，国内托洛茨基主义者和庇隆的追随者之间的矛盾不断激化，最终爆发了政治动乱。政府拒绝借外债，靠发行大量纸币填补财政亏空和贸易赤字，致使GDP（国内生产总值）大幅下降、金融混乱，恶性通货膨胀爆发。

三、第三次，发生在津巴布韦（2000—2009年）

20世纪80年代，津巴布韦是非洲极富裕的国家之一，2000年以前，津巴布韦的通货膨胀率一直维持在5.5%的合理水平，津元与美元的比值为1∶1。然而，进入21世纪，随着总统穆加贝为解决粮食问题而推行土地改革，津元逐渐贬值，与美元的比值最高达到了250（万亿）∶1，通货膨胀率最严重时，纸币最大面值达到100万亿，出现了创纪录的恶性通货膨胀，而且持续10年居高不下，失业率高达80%，人民生活水平重回五十年前，人们又重新实行物物交换的原始交易方式。津巴布韦的恶性通货膨胀开始于社会变革，后来的扩大化和恶化则是政策的连续失误所致。

2001年津巴布韦进入第一轮通货膨胀。在经济受到制裁后，津巴布韦得到的粮食援助、资金援助等减少了，在国外的资产被大量扣留，资金被冻结，进口商品的能力和外汇储备也下降了。实际上这并不足以让津巴布韦陷入恶性通货膨胀，是政策上的连续失误使其财政出现巨额赤字、商品供应能力下降，而社会上流通的货币数量却与原来相同，必然导致物价上涨。政府系统开支增大，在收入不变的情况下，为了不使财政赤字增加，政府继续发行更多的货币，新增的货币再产生新一轮的物价上涨。此次的物价上涨让工人的生活更难以维系，纷纷要求上涨工资，而工厂给工人上涨的工资是从销售品价格的上涨中获取的，反过来又使物价普遍上涨。如此循环往复，造成了通货膨胀日趋恶化①②。

---

① ［作者不详］. 津巴布韦通货膨胀恶化［N］. 经济观察报，2008—05—07.

② 张明. “津巴布韦式”的恶性通胀［J］. 中国企业家，2008（8）.

四、第四次，发生在阿根廷、玻利维亚、巴西、秘鲁等国家（二十世纪八九十年代）

阿根廷、玻利维亚、巴西、秘鲁等国，在二十世纪八九十年代面临着严重的通货膨胀。当时的外债危机导致了金融混乱。在日常生活中，人们随处都能感觉到恶性通货膨胀的存在，这带来了许多恶劣影响，它的发生严重影响汇率水平，打乱进出口秩序和金融秩序，大幅度削弱财政政策和货币政策的作用。同时，人民收入和生活水平受到严重影响，国家竞争力下降，国际地位、声誉受损等。

五、第五次，发生在俄罗斯

在苏联解体之前，由于不合理地偏重工业，加上苏联的经济结构本来就很不合理，到戈尔巴乔夫执政期间，苏联的经济几乎崩溃。苏联解体以后，俄罗斯继续使用这种不合理的经济结构，造成1991—1992年，俄罗斯的物价上涨26倍，人民生活困难，产生了严重的通货膨胀。当时政府没有想办法去改变经济结构，尽快恢复生产，而是错误地采取了限制物价来控制这种局面，结果导致黑市猖獗，给投机分子制造了牟取暴利的机会。最后出现了需要一麻袋卢布才能买一台电视机的现象，发生了恶性的通货膨胀。

六、第六次，发生在委内瑞拉

委内瑞拉是靠开采石油赚取大量外汇的国家，它和大多数产油国家一样，经济结构单一，石油工业占据支配地位。随着国际油价的下跌，委内瑞拉往日的免费医疗、廉价食品等局面不复存在，财政开始吃紧，物价上涨。2015年，通货膨胀还在120%，到2016年竟高达800%，在恶性通货膨胀的同时，GDP萎缩近20%。这种经济局面，除了国家政策的不合理外，很大程度上受到美元的影响。因此，2017年9月开始，委内瑞拉采用了多元化的结算体系做法，不再受美元的限制，才逐渐渡过债务违约难关。

第二章

通货与通货膨胀

第一节　通货（Currency）

通货膨胀是经济学范畴里一个极为重要的术语，正确理解和定义这个术语，对我们进一步研究通货膨胀现象和正确制定应对政策具有极其深远的意义。要弄清通货膨胀这个词语，首先要弄清“通货”这个术语的定义。

一、通货的不同定义

长期以来，对于通货的定义众说纷纭，有许多种不同的版本。为了方便展开研究工作和本书的撰写，经过查阅大量的相关文献，笔者这里给出六种比较权威并具有代表性的解释。

第一种：在《不列颠百科全书》中①，通货被解释为，在工业化国家中，国家货币供应量中作为交换媒介而无须背书的那一部分，由银行钞票、政府纸币和铸币构成；在不太发达的社会中，通货包含各种不同的物品（如牲畜、雕刻品、烟草），它们都可用作交换的媒介和表示价值或财富的标记。在发达国家中，签发活期存款支票，是进行业务交易的一项重要手段，而通货则只

① ［作者不详］. 不列颠百科全书（国际中文版）［M］. 北京：中国大百科全书出版社，2007.

占全部货币供应量的一部分。20 世纪 30 年代，英国率先放弃金本位制。随后几乎所有国家都放弃了金本位制，各国政府不必以任何形式的贵重金属偿还货币的持有者。因而，通货数额取决于政府或中央银行的行动，而不必受贵重金属供应量的影响。

第二种：在《辞海》中①，通货被解释为“流通货币”的简称，流通中一切现实货币的总称，包括硬币和纸币。

第三种：在《经济学大辞典》中②，通货被解释为存款比率，也就是人民手中所持有的现金与银行存款之间的比率。这一比率反映了公众的货币需求，在货币决定中代表着公众的行为。这一比率的大小主要由支付习惯所决定，并且具有明显的季节性特点，例如，在圣诞节时，公众的支出增加，从而“通货—存款比率”就高。随着收入中消费比率的提高，这一比率也会提高。一般来说，收入中消费的比例，即平均消费倾向是较为稳定的，因此，“通货—存款比率”也是较为稳定的。

第四种：在《经济大辞典》中③，通货被解释为处于流通中的现实货币的统称。一般由国家法律就通货的名称、种类和发行程序等项目加以规定。各国的法律规定虽然各不相同，但通货都能在流通领域充当流通手段和支付手段等。当前，世界各国的通货主要由主币、辅币和信用支付工具构成，但主要是指国家指定的法定货币。比如美元（美国）、英镑（英国）、卢布（俄罗斯）、人民币（中国）等。

第五种：在《经济与管理大辞典》中④，通货被解释为流通中的金属货币、纸币、信用货币的泛称，主要是指国家法定的本位货币。例如，美元是美国的通货，卢布是俄罗斯的通货，人民币是中国的通货等。目前，资本主

---

① 陈至立．辞海（缩印本）[M]. 上海：上海辞书出版社，1999.

② 梁小民，雎国余．经济学大辞典［M]. 北京：团结出版社，1994.

③ 刘鸿儒．经济大辞典（金融卷）[M]. 上海：上海辞书出版社，1987.

④ 马洪，孙尚清．经济与管理大辞典［M]. 北京：中国社会科学出版社，1985.

义各国的通货主要分为三类：①可兑换通货，即可以兑换其他国家货币的通货；②有限制的可兑换通货，即只可以在一定的通货区域内（如欧元区、美元区等）兑换其他国家货币的通货；③不兑换通货，即只限在本国范围内使用的通货。

第六种：在《现代经济词典》中[①]，通货被解释为一国货币供应量中有形的正在流通的那一部分，由银行钞票、政府纸币以及铸币构成。通货有时仅指纸币。例如，通货约占美国货币供应量的 23%，其中纸币就占了大约 20%。货币供应量的其余部分所采取的形式，是活期存款或支票账户。在美国，只有通货是法定货币，它主要用于零星购买和支付工资。目前美国的通货由联邦储备券、国库券和铸币组成。当联邦储备银行向商业银行提供库存现金时，这种通货就进入了流通领域，而商业银行则需要用通货来满足顾客的需要，并靠提取它们在联邦储备银行的存款储备金来偿付所得到的通货。

二、本书采纳的通货定义

鉴于上述六种对通货的解释，纵观历史全局，可以得出这样一个结论：在资本主义国家，通货的稳定与否，取决于这个国家持有黄金外汇储备和其他可靠的信用证券的多寡，并且它是否有能力运用其有效价值调节通货膨胀的现象。资本主义制度国家的性质决定了其通货的不稳定性，这种不稳定性是由于各种经济矛盾的激化所致。事实已经证明：通货膨胀和金融危机是资本主义国家普遍的、经常的现象，瘟疫般地难以根除。迄今为止，无论是资本主义发达国家、欠发达国家，还是发展中国家，均无一幸免。在全球经济一体化的今天，尤其是这样。笔者认为在上述对通货的解释中，第二种解释更符合经济学的发展、更具代表性、更加清晰，因此，书中自始至终使用这个定义对通货膨胀问题进行研究。

---

① D. 格林沃尔德．现代经济词典［M］.《现代经济词典》翻译组，译．北京：商务印书馆，1981.

第二节　通货膨胀（Inflation）的定义

既然我们已经弄清通货是流通中一切现实货币的总称，包括硬币和纸币。那么，从货币诞生并被用于交换之日起，它就作为人类历史的一部分存在于一切经济社会体制中，随着历史时期的不同以及统治者和经济社会发展的需要，它的发行数量会随之发生变化，当它既符合统治者的利益、适应经济社会发展需要，又处于物价稳定时期时，它就会正常流通；反之，发行过多，就会引起物价大幅度上涨，发生通货膨胀。下面根据“通货”的定义，我们来研究“通货膨胀”的来源及定义。

一、通货膨胀的不同定义

据《新帕尔格雷夫经济学大辞典》中对“通货膨胀”术语的解释，施瓦兹提供了关于通货膨胀现象古往今来历史的简要叙述。他表示，通货膨胀是自货币用作交换手段以来就存在于人类历史中的，最早有记载的古代世界通货膨胀发生在亚历山大大帝征服波斯王国之后，罗马帝国在公元 3 世纪末戴克里先统治期间曾发生过相当剧烈的通货膨胀①。但是，当时“通货膨胀”一词并没有作为术语流传开来，它作为术语流传是在一千多年之后。据记载，最早的通货膨胀术语起源于美国南北战争时期（1861—1865 年）的“绿背纸币”运动，它是当时美国政府为了供应战费所发行的不兑换纸币，因背面为绿色而得名。“绿背纸币”发行于 1862 年，至 1863 年 3 月，前后发行过三次，共批准发行四亿五千万美元。因发行额过多，在市场上贬值流通；其最

① 伊特韦尔，米尔盖特，等．新帕尔格雷夫经济学大辞典［M］．北京：经济科学出版社，1996.

低的币值曾为1864年面值的35%。南北战争后曾收回少部分“绿背纸币”，但大部分一直流通到1879年美元改变为兑换纸币为止[①]。美国联邦政府发行的“绿背纸币”总额，所占比重为战争费用融资的13%，致使物价水平上涨到战前的180%。“绿背纸币”的大量发行，使得币值下跌，物价迅速上涨，就好像在布袋中吹入空气似的膨胀起来，因此，被称为通货膨胀。从此，通货膨胀就作为术语流行开来。

从通货膨胀作为术语出现以后，尽管人们都在谈论通货膨胀，但是如何对它进行定义是个大问题。既然对通货的解释都存在差异，那么，对通货膨胀术语内涵的理解自然有所不同，解释也就各异。在学术界，虽然对通货膨胀的定义已经讨论很久了，但至今也没有形成一致的观点。国内大部分学者对通货膨胀是这样定义的：通货膨胀是物价水平普遍而持续上升。或者说，通货膨胀是由货币发行量超过商品流通中实际需要量而引起的货币贬值和物价上涨的现象。还有些经济学家用“通货膨胀”这个词来指造成物价普遍上涨的各种力量，而不是物价上涨本身。美国经济学家保罗·萨缪尔森对通货膨胀是这样定义的，他表示：通货膨胀的意思是，物品和生产要素的价格普遍上升的时期——面包、汽车、理发的价格上升，工资、租金等也都上升[②]。弗里德曼却认为：物价普遍的上涨就叫作“通货膨胀”。莱德勒和帕金认为：通货膨胀是一个价格持续上升的过程，也就是说，是一个货币价值持续贬值的过程。这些定义是从价格变动的角度来说明通货膨胀的，它们代表了经济学中不同流派的几种观点，强调了：第一，通货膨胀不是指一次性或短期的物价水平上升，而是指持续一定时期的物价水平上升；第二，所谓物价水平上升不是指一种或几种商品的物价水平上升，而是指物价水平的普遍上升，即物价总水平的上升。目前，大多数学者在研究通货膨胀问题时，使用的是

① 陈至立．辞海（缩印本）[M]．上海：上海辞书出版社，1979.

② 萨缪尔森．经济学[M]．高鸿业，译．北京：商务印书馆，1979.

此种定义。在根据这种定义进行研究时，通货膨胀可以采用消费物价指数（又称零售物价指数或生活费用指数）、批发物价指数，以及国民生产总值折算数来进行衡量。并且，可以根据物价上涨水平的高低程度把通货膨胀分为如下四种类型：潜行的（或爬行的）通货膨胀，温和的通货膨胀，飞奔的（或奔驰的、加速的）通货膨胀和恶性的（或超速的）通货膨胀①。

还有一种观点，是从货币的角度来给通货膨胀下定义，英籍奥地利著名经济学家哈耶克表示："通货膨胀"一词的原意和真意是指货币数量的过度增长，这种增长会合乎规律地导致物价的上涨。美国经济学家 H. 赫兹里特表示："通货膨胀"这个词原来只用于货币量，意思是货币量膨胀、扩大、过度增长。而《美国大学词典》也把通货膨胀解释为：国家通货的过度膨胀或增长，尤指因发行不能兑换的纸币而引起的过度膨胀。这种观点强调了通货膨胀是一种货币现象，是货币量过度发行。物价上升与货币贬值都是货币量过度发行的结果，但物价上升本身并不是通货膨胀的定义，因为，物价上升可以由其他原因引起，而这种物价上升与货币量过度发行是无关的，不属于通货膨胀。此外，美国经济学家 M. 布朗芬布伦纳把通货膨胀的定义划分为四种类型：第一种，通货膨胀是一种普遍的过度需求形势，在这种形势下，过多量的货币追逐过少量的商品；第二种，通货膨胀是无论以总量计算还是以人均计算的货币存量和货币收入的过度增长；第三种，通货膨胀是一种具有附加特征或条件的价格总水平上升；第四种，通货膨胀是货币对外价值的下跌，以汇率、黄金价格来衡量，或者指在官方价格下，对黄金和外汇的过度需求。

上述各经济学家从各自观点出发，对通货膨胀的原因作出不同解释，从而形成了后来不同的通货膨胀理论②。

① 梁小民，雎国余，等. 经济学大辞典［M］. 北京：团结出版社，1994.

② 梁小民，雎国余，等. 经济学大辞典［M］. 北京：团结出版社，1994.

二、本书对通货膨胀的定义

长期以来，中外专家撰写的有关通货膨胀问题的论文和著作数不胜数，本人也未能逐一阅读，查阅大量的文献后，经过仔细斟酌，比较认同“通货膨胀是一个价格持续上升的过程，也就是说，是一个货币价值持续贬值的过程”的定义，并在本书中将通货膨胀定义为：通货膨胀是价格水平全面持续上升的过程，它具有货币贬值的效果。

目前，大多数经济学家认为，在物价每年平均上涨 2.5%以上并持续一段时期以后，才会发生通货膨胀。当劳动力供应紧张、工业生产能力得到充分利用而需求增加、工资的增长与生产率的增长不一致、供应来源枯竭时，物价上涨就会发生。例如，美国历史上的通货膨胀大多与战争或战争的后果有关[①]。

第三节　通货膨胀的表现

一般来说，在纸币流通条件下发生通货膨胀是很容易被人们感觉到的。此时，国家发行的钞票迅速增多，商品价格上涨，货币贬值。换句话说，通货膨胀的主要表现是流通中纸币量过多、纸币贬值和物价上涨。

一、流通中纸币量过多

通货膨胀是由纸币发行量过多引起的。而纸币只是一种价值符号，代表金属货币流通量。在流通中纸币发行量应等于商品流通中所需要的金属货币量，如果出现流通中的纸币量过多，就会发生通货膨胀现象。通常会用以下

---

① D. 格林沃尔德．现代经济词典［M］．《现代经济词典》翻译组，译．北京：商务印书馆，1981.

公式测算纸币发行量是否超过流通中所需要的金属货币量

$$M=\frac{Q\times P}{V} \tag{2.3.1}$$

式中：

M——货币需要量；

Q——商品总量；

P——单位商品价格；

V——同一货币单位的平均周转次数。

从式（2.3.1）可知，流通中所需要的货币量等于商品价格总额除以同一货币单位的平均周转次数。在货币流通速度不变的情况下，商品价格总额越大，流通中所需要的货币量就会越多；商品价格总额越小，流通中需要的货币量就越少。在商品流通规模不变的情况下，货币流通速度越快，即同一货币单位的平均周转次数越多，流通中所需要的货币量越少；反之，流通中所需要的货币量就越多。由于商品价格总额是商品总量与单位商品价格相乘计算出来的，根据公式，可以说在一定时间内，流通中所需要的货币量取决于三个因素：①市场上待出售的商品总量（Q）；②单位商品价格（P）；③货币的流通速度（V）。

货币不仅是流通手段，而且是支付手段。尤其是在发达资本主义国家，后者更加突出。由于发达资本主义国家生产的盲目性和无计划性，计算商品流通和货币流通除了工作量巨大以外，其计算方法也很复杂，想精确计算出货币需求量相当困难。因此，世界各国往往采用国民生产总值（GNP）或工业生产指数（IPI）来代替商品价格总额指标进行计算。

例如，若货币流通速度不变，纸币发行量的增长速度超过国民生产总值或工业生产指数的增长速度，这就说明纸币的发行量过多了。相反，若货币流通速度不变，纸币发行量没有增加，国民生产总值或工业生产指数下降了（商品生产的规模缩小了），同样表明流通中纸币发行量过多了。通常货币流通速度指标，用银行活期存款周转率来代替。一般用这些近似的指标反映流通中纸币发行量的情况，这只是一种近似趋势，并不非常精确。

除了纸币，流通中的价值符号还应包括银行券、支票等信用货币。尤其是在发达资本主义国家，经济愈发达，信用及信用货币愈发达。随着资本主义信用的发展，通货的概念不断扩大。银行券是商业银行发行的另一种钞票，它与纸币有着本质的区别。纸币是由国家直接发行并强制流通的价值符号，它根据国家的财政需要，以国家债券作主要保证而发行，是不能兑换成金币或黄金的。银行券虽然也是一种价值符号，但它是由商业银行根据商品流转的需要而发行的，以商业票据作为发行的保证，可以自由兑换成金币或黄金，不会造成流通中货币量过多的现象。但在现代资本主义的条件下，银行券的性质发生了变化。

在 18—19 世纪，纸币是由国家的国库直接发行的。20 世纪初，为掩盖纸币的实质，资本主义政府经常利用信用发展的过程特征和居民使用信用流通工具的习惯，通过银行发行不兑现的银行券。这种不兑现的银行券主要是以国家财政需要为转移的国家债券作保证，与商品流通的需要没有直接关系，所以已经变成纸币。这种银行券受不能兑现的国家纸币的规律的支配①。这种银行券在名义上被称为银行券，实质上已与纸币没有什么区别。

同样，在资本主义国家，支票是重要的信用流通工具。它实质上是存款人在银行的一笔活期存款，当存款人需要使用这笔存款时，就向银行开出一个要求付款的凭证——支票。若存款人签发的支票数额超过其在银行的存款额，那就是开空头支票。支票可以代替现金，直接购买货物，支票与银行券一样，也是在银行信用关系上产生的价值符号，用以代替货币执行支付手段的职能。两者不同的是，银行券是银行的债务证券，支票是持票人向银行提

① 中共中央马克思恩格斯列宁斯大林著作编译局．马克思恩格斯全集［M］．北京：人民出版社，2016.

款的凭证；银行券没有期限，而签出的支票有期限。

在支票流通中，银行的存款分为两类。一是来自顾客的真实存款，银行可以据此放款；二是银行采用先放款的方法，创造出虚拟的存款。在金属货币流通的条件下，这两类存款都不会造成货币量过多的现象。而在纸币流通的条件下，由于商业银行不必用金币或可兑现的银行券支付支票提款，银行用放款创造存款的办法开设的虚拟存款可能大量超过商品流转的正常需要，造成流通中信用货币过多的现象。比如，国家以公债券为担保向银行借款就是这种情况。这种虚拟存款完全是由国家的财政需要而产生的，可以不受银行库存现金的限制而任意增加，这就会使支票的签发数额大大超过商品流通的实际需要，如同任意增发纸币的情况一样。因此，在计算货币量时，除不兑现银行券的发行量以外，应把签发支票的活期存款余额包括进去。

二、纸币贬值及其原因

流通中货币量过多造成了通货膨胀，而纸币贬值是单位纸币实际代表的金币量低于它名义上所代表的金币量。它与下面的三种情况相关：①纸币发行量过多，超过了商品流通所需要的金币量。②人们对黄金的需求过高，使以纸币表示的黄金“价格”升高，导致纸币贬值。例如，在纸币不能执行世界货币职能的情况下，为弥补国际收支逆差，需要输出大量黄金，导致黄金需求增加，引起纸币的贬值。③在经济形势欠佳的情况下，为了避免损失，人们拒绝使用政府发行的纸币。此时，即使纸币发行量不多，也会引起纸币的贬值。

从上述三种情况看，并不是纸币贬值就会引起通货膨胀，因此，不能把任何纸币贬值都理解为通货膨胀。只有当流通中纸币发行量过多，人们抢购黄金用以保值，黄金需求增加，造成纸币贬值；或恶性通货膨胀使政府信用丧失，从而进一步加强了第三种情况的纸币贬值才是由纸币贬值而引起的通货膨胀。

对于一个国家来说，纸币的贬值程度在国内和国外基本是同步的。也就是说，纸币贬值表现在这个国家的货币与其他国家货币的汇率上。当发生通货膨胀时，这个国家纸币的对国外贬值程度与对国内贬值程度大体一致。只有在外汇行市涨落不仅由纸币对国内贬值程度决定，而且受黄金、外汇供求因素影响的特定情况下，对国内贬值的程度与对国外贬值的程度才不尽相同。

纸币贬值会使货币的流通速度加快。为了止损，人们会急于把手中的纸币换成商品，这大大加快了货币流通速度，相当于减少了流通中需要的货币量，会使流通中的货币量过多，甚至使纸币贬值的程度超过纸币发行的速度，造成严重的通货膨胀。当出现恶性通货膨胀时，人们就会在市场上用黄金或外币等作为流通的工具，甚至进行物物交换，加速纸币贬值。当纸币一文不值时，就不能再充当流通手段和支付手段。

三、物价上涨

通货膨胀不仅表现为纸币贬值，还在物价水平的上涨方面有所表现，并且两者之间有着因果关系，纸币的贬值必然引起商品价格的上涨，因此，商品价格实时反映纸币购买力的大小。一般情况下，物价指数衡量物价上涨水平。物价指数又分为批发物价指数和消费物价指数。批发物价指数通常用来预测未来一段时期内零售物价变化的趋势。消费物价指数是根据一国若干种主要食品、衣服和其他日用必需品以及劳务的零售价格逐月编制的，包括水、电、住房、交通、医疗、文娱等费用的变化。因此，它在一定程度上可以反映人民生活费用的增减和货币购买力的变化情况。西方国家习惯于用消费物价指数表示通货膨胀的程度，一般通称其为通货膨胀率。

尽管通货膨胀的最终表现是上涨的物价水平，但物价上涨不一定都是通货膨胀引起的。因为，引起价格变动的因素很多，既有货币因素，也有非货币因素。在货币因素中，除了纸币发行量过多会引起货币贬值、物价上涨外，开采黄金的劳动生产率提高引起的黄金贬值，一国国际收支的不平衡造成本国对他国货币汇率的变动，这些都会造成商品价格的上涨。在非货币因素中，价值规律对生产和市场流通都起着决定性的支配作用，供求关系的变动也会引起物价的涨落。对于市场脱销或各种不可抗拒因素造成的紧缺商品，商家就会趁机抬高物价，引起供求变化。此外，垄断组织操作是促成物价上涨的重要原因之一。总之，通货膨胀引起的物价上涨与其他因素引起的物价上涨不尽相同。前者的物价上涨，是渐进涉及所有商品价格的普遍持续上涨，物价总水平呈不断上升趋势（见图 2—1）。后者是某种商品或某几种商品在一定时间内涨价，而不是所有商品普遍涨价，表现为物价上下波动，总水平时而上升、时而下降。

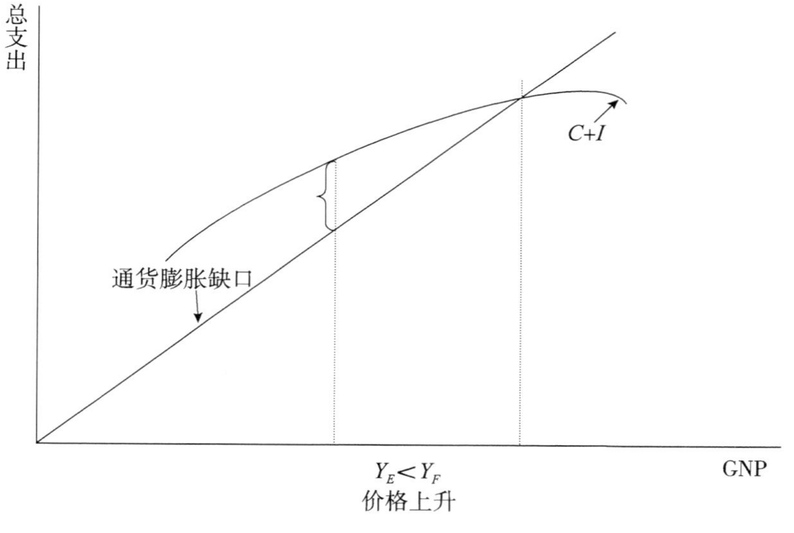

图 2—1　物价总水平呈不断上升趋势

国家财政赤字是通货膨胀的警示灯，在增发纸币后，与国家大量采购有关系的商品价格首先上涨。比如，与军火生产有关的商品——煤炭、石油、钢铁、机械设备等。随后就是消费品涨价，其中以生活必需品——食品、布匹等商品价格上涨得最多。此时，人们竞相满足生存最基本的需求——吃住消费，市场供求关系必然受到影响，带来必需品价格的猛烈上涨，而其他消费品价格相对于必需品上涨得比较缓慢。

由于纸币在名义上代表一定数量的黄金，因此，纸币贬值还会引起黄金“价格”的上涨，所以说，在纸币流通条件下，市场上的黄金又用纸币表现其价格。纸币贬值的结果是市场上单位黄金用纸币来表现的价格比名义上规定的价格高很多，从而产生黄金贴水。所谓黄金贴水，就是纸币兑换黄金的实际价格高于其名义价格的差额。通常用下列公式表示黄金的贴水率：

$$\text{黄金的贴水率}=\frac{\text{纸币兑换黄金的实际价格}-\text{名义价格}}{\text{纸币兑换黄金的名义价格}}\times 100\%$$

需要说明的是，黄金贴水的程度与商品价格上涨的程度不完全一致。在通货膨胀的初期，纸币贬值不显著，因此人们对作为货币贮藏手段的黄金需求并不很高，黄金贴水就会滞后于商品价格上涨。当纸币出现急剧贬值时，人们出于保值和投机心理，对储藏黄金普遍有很高的需求，黄金贴水也就水涨船高，超过商品价格上涨了。尤其在恶性通货膨胀时期，黄金价格飞涨，抢购黄金的现象使整个商品市场的价格也随之急剧上升，黄金价格的涨落就成为整个商品市场价格涨落的晴雨表。

第四节　通货膨胀的本质及对社会各阶层的影响[①]

一、通货膨胀的本质

通货膨胀是纸币流通过程中一种特有的经济现象，在不同的社会制度下，它的形成原因、本质和后果不同。在私有制的封建和资本主义社会，往往为转嫁战争负担把发行纸币作为解决财政赤字的手段。特别是在战争时期，为了弥补财政赤字，政府往往会通过增发纸币来采购军火物资，支付军政人员

① 南开大学经济研究所世界经济研究室，等．通货膨胀概说［M］．北京：商务印书馆，1979.

的薪金等，从而使纸币与它所代表的金量之间的比例失调，引起严重的通货膨胀；进入帝国主义时期后，垄断资本主义又把发行纸币和信用货币作为解决财政危机和刺激经济的手段，政府通过实行通货膨胀对国民收入进行重新再分配，造成通货膨胀严重泛滥，因此，通货膨胀通常作为剥削阶级掠夺人民的重要手段。

在资本主义社会中，通货膨胀的阶级实质很鲜明，各个阶级的物价上涨速度不同。一般的顺序是：垄断资本家的商品涨价最多、最快，特别是加上哄抬垄断价格的因素，涨价更加迅猛；然后是中小资本家的商品；接下来是小生产者如手工业者和小农的商品；最后就是工人的劳动力价格——工资。通过这种物价上涨的不平衡，国民收入实现有利于剥削阶级而不利于劳动人民的再分配。而在社会主义制度下是根据商品流通需要，有计划地发行纸币，由此可以保持货币流通稳定。

二、通货膨胀对社会各阶层的影响

第一，对货币资本家的影响。在通货膨胀严重时期，一些货币资本家会由于通货膨胀而受到损害。这种损害主要针对中小银行而言，对于大银行来说，它们通过提高利率、扩大信贷赚取了大量利润，通过商品、黄金、外汇的投机倒把也赚取了大笔外快，避免了通货膨胀带来的损失。在帝国主义时期，银行资本与工业资本相互混合成长。当通货膨胀来临时，它们之间往往互相支持、互相融通、互相勾结，并分享通货膨胀带来的额外利润；部分中小银行在通货膨胀中受到损失，甚至破产，而大银行却乘机吞并它们，进行货币资本集中，扩大其金融实力。所以，通货膨胀给竞争能力薄弱的中小银行和大量小额存款人群增加了沉重的负担。概括地说，通货膨胀使国民收入实现了再分配，导致贫者愈来愈贫、富者愈来愈富，加剧了资本积累和贫困积累的两极分化。

第二，对商业资本家的影响。通货膨胀为商业资本家提供了极力钻营、投机倒把、囤积居奇、贱买贵卖等攫取大量投机利润的机会。

第三，对地主及农业资本家的影响。地主和农业资本家在通货膨胀中获得了好处。在西方资本主义国家，地主和农业资本家大都是债务人，通货膨胀可以减轻他们的债务负担。由于农业资本家也雇工进行剥削，他们能从实际工资下降中获得好处。几十年来，混合公司型的垄断组织迅速发展，大垄断资本大都霸占大量农田，兼营大规模农业生产，有的甚至经营加工、运输、零售业务。因此，他们可以从实际工资下降和零售价格上涨中获得巨额垄断利润。

第四，对资产阶级的影响。通货膨胀使资产阶级从物价上涨和实际工资下降中得到好处，但得到好处的多少有所不同。小资本家尽管从雇用工人的实际工资下降中获得好处，但其产品的涨价速度低于垄断资本产品的涨价速度。他们从垄断资本家那里购买生产资料必须付出高昂的价格；他们向银行贷款的利息也高于垄断资本家；资金融通比较困难。通货膨胀加速了垄断资本积聚和生产集中，在通货膨胀中，垄断资本家获得了极大利益。之所以说通货膨胀是垄断资本家获取利润的一个重要工具，是因为以下几点。①通货膨胀中，垄断资本家会以低于价值的价格购买劳动力和小生产者的劳动产品，而以高于价值的价格出售其产品，从而获取利润。②通货膨胀中，由于物价上涨、实际工资下降、剩余价值率提高，资产阶级在劳动生产率等其他条件不变的情况下，能够获取更大的利润。但由于垄断资本产品价格上涨得最快最多，并且垄断资本家最有力量压低工人的实际工资，这部分增加的利润在整个资产阶级内部进行再分配时，基本进了垄断资本家的腰包。尤其是在通货膨胀严重时，垄断资本家利用物价上涨的不平衡，以低价购买中小资本家的产品，再高价向他们出售自己的产品；或要求他们加工订货，再以垄断高价出售，使工人所创造的大量剩余价值转入垄断资本家的钱袋。③垄断资本家除自有资本以外，经常向银行借款扩大生产，特别是战后，这种借款数额越来越多。通货膨胀期间，尽管利率会上涨，却赶不上物价上涨的速度。在资本主义国家，由于垄断资本的大部分借款来源于国家银行，垄断资本家作为债务人以贬值的货币还债时，可从中获得大量的好处。④通货膨胀与资本主义国家扩大财政开支和国民经济军事化有密切的联系。在通货膨胀过程中，垄断资本家以高价向政府出售军需用品及其他物资，获得高额垄断利润，甚至可以从政府获得大量的补助和津贴，使垄断财团的货币资本大量增加，再进行扩大再生产，获取更大的利润。⑤通货膨胀过程中，垄断资本家利用其巨额资本及市场优势，进行商品、黄金、外汇的投机倒把活动，攫取大量额外的利润。⑥通货膨胀是垄断资本掠夺的重要工具。通货膨胀期间垄断资本用提高出口工业品价格、压低进口原料价格的方法攫取垄断利润，使这些国家因“不等价交换”遭受的损失加剧。

第五，对靠薪金为生的固定收入者的影响。对于资本主义中等阶层（包括中下级政府公务员、公司职员、教师和技术人员），由于他们的薪金增长赶不上物价飞涨的速度，而他们又是小额货币储蓄和小额股票的购买者，通货膨胀时利率上升，会导致股票下跌，他们储蓄的实际价值大大下降。因此，通货膨胀会使他们的利益受到损害。

第六，对小生产者的影响。在通货膨胀中，从经营角度看，小生产者的产品必须卖给商业资本家，由资本家再卖给消费者。因此，小生产者的商品价格上涨速度必然慢于垄断企业的商品价格上涨速度。商业垄断资本一边以垄断买主身份压价收购小生产者的产品，另一边以垄断卖主身份，通过对收购来的产品加工，提高其零售价格，获取垄断利润。而小生产者从垄断资本家手中购买生产资料的价格猛烈上涨，使小生产者遭受巨大的损失甚至破产，加速了资本主义小生产的分化。从储蓄者角度看，小生产者大多是小额货币储蓄者，通货膨胀使这些储蓄的实际价值下降，甚至赔本，致使小生产者破产。

第七，对工人阶层的影响。在通货膨胀、物价上涨期间，劳动力价格上涨得既慢又少。工人阶层名义工资虽然有所提高，但其上涨速度落后于消费品价格的上涨速度，并且是消费品涨价在先，名义工资提高在后，实际上工人的工资在下降。工人阶层不仅在生产领域，而且在流通领域都受到剥削。他们在通货膨胀中名义收入似乎增加了，其实个人缴纳的税款因征税比率的提高而大大增加。在通货膨胀中，消费贷款利率大大提高，工人阶层基本摆脱不了消费信贷，加重了他们的债务负担，致使工人的实际收入下降，生活状况很不稳定，成为通货膨胀最大的受害者。

第三章

经济学主要流派的通货膨胀理论

第一节　现代凯恩斯主义新古典综合派对通货膨胀和失业并发症的解释

20世纪30年代后期，资本主义经济学中出现了“凯恩斯革命”。从此，凯恩斯主义盛行起来。从50年代起，追随凯恩斯的学者越来越多，逐渐分为两大支派，一支是新剑桥学派（又称为凯恩斯左派或新李嘉图学派）；另一支是新古典综合派（又称为后凯恩斯主流经济学派或美国凯恩斯学派）。新剑桥学派主要以英国和意大利的经济学家为重要代表人物，因此也被称作英国凯恩斯学派（或英国—意大利凯恩斯学派）。而新古典综合派的重要代表人物主要是美国的一些经济学家，因此也被称作美国凯恩斯学派。西方大量文献，将新剑桥学派和新古典综合派统称为现代凯恩斯主义（后凯恩斯主义或新凯恩斯主义）。现代凯恩斯主义的两大支派无论在理论观点上、分析方法上还是政策主张方面都存在着重大的分歧①。

一、新古典综合派的重要代表人物和新古典综合理论的特征

“新古典综合”这个术语，是新古典综合派重要代表人物保罗·萨缪尔森

① 胡代光，厉以宁．当代资产阶级经济学主要流派［M］．北京：商务印书馆，1982.

创造的。他用“新古典综合”阐明了自己经济学说的特色。他的“新古典”是相对于凯恩斯以前的传统庸俗经济学（新古典经济学）的某些理论而言的。所谓“新古典综合”，就是把以阿尔弗雷德·马歇尔为代表的“新古典学派”所倡导的以价格分析为中心的微观经济理论与凯恩斯以总量分析为核心的宏观经济理论“综合”在一起。保罗·萨缪尔森从他的《经济学》第八版开始就不再使用“新古典综合”这个术语了①。“新古典综合”理论从标准的凯恩斯理论出发，认为标准的凯恩斯理论的中心是收入—支出理论，对失业、通货膨胀、经济增长、财政政策和货币政策的论述都是这一理论的延伸。所以，它既继承了标准的凯恩斯理论，即收入—支出理论，又在其基础上对失业、通货膨胀、经济增长、财政政策和货币政策等方面有了进一步发展，使收入—支出理论更具有综合性、现实性、实用性和政策性的特征②。“新古典综合”理论的重要代表人物是这一理论的创始人——美国经济学家阿尔文·汉森；其他主要代表人物包括保罗·萨缪尔森、詹姆士·托宾、罗伯特·默顿·索洛、沃尔特·海勒、阿瑟·奥肯、赫伯特·斯坦和詹姆士·杜生贝等。

二、凯恩斯的收入—支出模型

凯恩斯的收入—支出模型用公式 $C+I=C+S$ 表示。

式中：

C——消费；

I——投资；

S——储蓄。

如果投资不变，而消费和储蓄减少，则：

$$C\downarrow+I>C\downarrow+S\downarrow$$

① 胡代光，厉以宁．当代资产阶级经济学主要流派［M］．北京：商务印书馆，1982.

② 胡代光，厉以宁．当代资产阶级经济学主要流派［M］．北京：商务印书馆，1982.

此时，需求大于供给，就形成过度需求，引起通货膨胀。

相反，如果投资不变，消费和储蓄增加了，则：

$$C\uparrow + I < C\uparrow + S\uparrow$$

此时，需求小于供给，就形成有效需求不足，引起失业。

若想避免这两种情况，就要引入政府这个因素。这里用 G 表示政府的支出，G_t 表示政府的收入，即税收。则：

$$C+I+G=C+S+G_t$$

在 $C+I+G<C+S+G_t$，或 $C+I+G>C+S+G_t$ 时，

可以分别依赖 G 和 G_t 的增减以及由此产生的对 C、S、I 的效应，使 $C+I+G=C+S+G_t$。

新古典综合派认为，凯恩斯这个收入—支出理论模型是宏观模型，以收入为中心，它主张通过财政金融措施来调节总需求，刺激生产，增加就业，保持经济稳定。这个理论模型和政策主张产生于第二次世界大战前的经济大萧条时期，不能应付战后复杂的经济形势。新古典综合派还认为，凯恩斯的论证只适用于短期，只有依据“新古典综合”的经济理论以及由此制定的经济政策，才有助于消除资本主义经济原有的缺陷，维持“经济稳定”，保证“充分就业”，促进“经济增长”。因此，萨缪尔森一再强调，“新古典综合”理论也就是一种“混合经济”理论①。

三、应对通货膨胀与失业并发症的对策

新古典综合派认为，应付当前资本主义国家通货膨胀与失业并发症的对策应当以微观经济政策为主。而标准的凯恩斯理论是宏观经济学理论，它的需求管理政策是宏观财政政策和宏观货币政策。这种宏观经济政策单独应付失业或通货膨胀时是有效的，它提供了调节经济的基本手段，而各种微观经

① 胡代光，厉以宁．当代资产阶级经济学主要流派［M］．北京：商务印书馆，1982．

济政策都不可能代替宏观经济政策的作用。微观经济政策只能作为宏观经济政策应对通货膨胀与失业并发症的补充手段。

针对改进现行福利支出，新古典综合派提出了如下政策主张：①对低工资收入家庭实行有差别的收入津贴，以代替单纯依赖政府救济的做法；②把福利支出与技术教育、劳动力再训练结合起来。

一般来讲，应付通货膨胀和失业并发症的主要措施是采取收入政策和人力政策，它们的理论依据和内容如下：由于当前的通货膨胀被认为是由于工会和垄断企业这两个集团的相互抬价而引起的工资和利润的上升趋势，因此有必要对收入（工资、利息、租金、利润等）实行限制，尤其是限制工资增长率不能超过劳动生产率的增长率。因此，实行收入政策就是由政府采取影响货币收入或物价水平的措施，从而放慢或降低物价上涨率①。

第二节　现代凯恩斯主义的剑桥学派、新古典综合派和新剑桥学派

一、剑桥学派

剑桥学派是19世纪末20世纪初，由英国经济学家阿尔弗雷德·马歇尔创建的。它是现代凯恩斯主义的另一个重要的分支。由于阿尔弗雷德·马歇尔和他的忠实门生庇古、丹尼斯·霍尔姆·罗伯逊长期在英国剑桥大学任教，因此被称为剑桥学派。剑桥学派的创始人阿尔弗雷德·马歇尔提出的“均衡价格论”既继承了这个时期的庸俗经济学传统，以生产费用解释价值决定，又将19世纪70年代后的庸俗学说融合进来，因此，又被称为“新古典学派”。

① 胡代光，厉以宁．当代资产阶级经济学主要流派［M］．北京：商务印书馆，1982．

二、新古典综合派

新古典综合派是现代凯恩斯主义的两大支派之一。在西方经济学界，一直代表着凯恩斯主义，居于经济学宝座。其创始人是美国的阿尔文·汉森，以美国麻省理工学院任教的保罗·萨缪尔森、罗伯特·默顿·索洛和在美国耶鲁大学任教的詹姆士·托宾等为主要代表人物。他们把以阿尔弗雷德·马歇尔为代表的新古典学派倡导的以价格分析为中心的微观经济理论与凯恩斯的以总量分析为核心的宏观经济理论结合在一起。

新古典综合派理论具有以下特点。

新古典综合派从标准的凯恩斯理论出发，理论中心是收入—支出理论，其对于失业、通货膨胀、经济增长、财政政策和货币政策的论述全都是这一理论的延伸。在理论方面认为，凯恩斯的收入—支出模型是宏观经济模型，它以收入为中心，将着重点放在由投资和其他开支的变动而产生的收入效应方面，因此，它主张通过财政金融措施来调节总需求，刺激生产，增加就业，保持经济稳定。然而，这种理论模型和政策主张是在 20 世纪 30 年代资本主义经济大萧条时期产生，已经不能应对战后的经济环境，有必要把凯恩斯的宏观经济理论与凯恩斯更早期的替代效应的微观经济理论综合在一起，形成“较完整”的既有宏观理论，又有微观理论，既强调政府“需求管理”对经济的调节作用，又保留市场机制对生产要素供求的自发调节作用的折中的理论体系。

新古典综合派还认为，凯恩斯的论证只适用于短期，但在较长时期内，尤其是在政府保证处理短期失业问题时，凯恩斯以前的微观经济理论仍然是可以被信赖的。资本主义经济是由公共经济部门和私有经济部门组成的混合经济，单有凯恩斯的宏观经济学“需求管理”理论或单有新古典学派经济学的微观经济理论，都不能满足现代资本主义条件下混合经济的现实需要，只有将两者综合起来，即依据新古典综合学派的经济理论及由此制定的经济政策，才有助于消除资本主义经济原有的缺陷，维持经济稳定，保证充分就业，促进经济增长。

另外，滞胀问题是新古典综合派面临的最大难题。新古典综合派认为，凯恩斯的宏观经济政策用来单独应对失业或单独应对通货膨胀是有效的，它提供了调节经济的基本手段，各种微观经济政策是不可能代替宏观需求管理作用的，但它可以作为宏观经济政策的重要补充手段来应对滞胀①。

三、新剑桥学派

新剑桥学派是现代凯恩斯主义的另一个重要分支，是经济学家在增长理论、资本理论、分配理论等进行论战过程中形成的。在理解和继承凯恩斯主义的过程中，新剑桥学派提出了与新古典综合派对立的观点，试图在否定新古典综合派的基础上，重新恢复大卫·李嘉图的传统，建立一个以客观价值理论为基础，分配理论为中心的理论体系，探讨和制定新的社会政策，以改变资本主义现存的分配制度来调节失业与通货膨胀的矛盾。

该学派主要代表人物基本都在英国剑桥大学执教，与以阿尔弗雷德·马歇尔为代表的剑桥学派的传统理论相背离，因此，被称为新剑桥学派。其主要代表人物包括琼·罗宾逊、尼古拉斯·卡尔多等。对新剑桥学派的产生有重大影响的还有剑桥大学的皮罗·斯拉法以及牛津大学的罗伊·福布斯·哈罗德、波兰学者米哈尔·卡莱斯基等，以上几个经济学者，是新剑桥学派的先驱，也为新剑桥学派的产生提供了理论基础。1956 年，琼·罗宾逊的代表作《资本积累论》发表。同年，尼古拉斯·卡尔多在《经济研究评论》上发表了一篇名为《两种不同的分配理论》的论文，把经济增长理论和收入分配理论结合起来，着重考察在经济增长过程中劳动收入（工资）和财产收入（利润）在国民收入中相对份额的变化。他们在分析这种份额变化的规律以及

① 胡代光，厉以宁．当代资产阶级经济学主要流派［M］．北京：商务印书馆，1982.

对消费和投资需求的影响后认为，国民收入分配失调是社会症结所在，强调应由国家采取各种措施对国民收入的分配进行调节，以实现收入的“均等化”。他们根据共同的理论特点，提出自己的模型。由此，产生了新剑桥学派。

新剑桥学派在理解凯恩斯理论的问题上与新古典综合派有着根本性的分歧。新剑桥学派的分析方法是把凯恩斯经济学作为一种宏观的经济理论，认为其缺乏的是价值论和分配论，因此，要使宏观经济学具有微观经济学基础，就应当研究价值论和分配论。在价值论方面，关键在于价值本身是否具有客观的、物质的基础，价格主要应该由生产条件来决定，而不能把价值视为主观的。

第三节　货币主义学派理论的解释

当代西方经济学的另一个重要学派是货币主义学派，它继承了资产阶级旧货币数量理论和芝加哥经济学传统。进入 20 世纪 70 年代以来，货币主义的影响不断扩大。尽管凯恩斯在 1923 年出版的《货币改革论》中，对剑桥方程式和阿尔弗雷德·马歇尔的货币理论进行了阐述，但是他并没有对货币供应做出深入的研究。因此，货币主义学派已成为现代凯恩斯主义最有力的挑战者。

货币主义学派主要围绕着以下问题开展研究：①货币最重要，货币的推动力是说明产量、就业和物价变化的最主要因素；②货币存量（或货币供应量）的变动是货币推动力的最可靠的测量标准；③货币当局的行为支配着经济周期中货币存量的变动，因而通货膨胀、经济萧条或经济增长都可以而且应当唯一地通过货币当局对货币供应的管理来加以调节。

一、货币主义学派的理论

法国重商主义者让·波丹首先提出了货币数量说，即用货币流通数量变化对16世纪西欧的物价波动进行了解释。之后，英国经济学家洛克和休谟也对货币数量论做了大量的宣传。洛克认为，在产量不变的条件下，货币数量的增加必定使货币的价值成反比例地减少。而休谟认为，物价就是商品与货币之间的比率，二者中任何一方的变动，都会使物价上涨或下降；但物价上涨或下降的原因不在于商品或货币绝对数量的变动，而在于进入市场的商品或货币数量的变动。也就是说，库存中的货币数量和没有投入市场的产品对于物价的变动不产生影响。直到1885年，美国经济学家纽康在著作《政治经济学原理》中表述了货币流通与物价水平的关系：

$$\text{货币数量（包括现金与银行存款）}\times\text{货币流通速度}=\text{交易的商品和劳务量}\times\text{物价水平}$$

后来，甘默尔演变了纽康公式：

$$\text{物价水平}=\frac{\text{货币数量}\times\text{货币周转率}}{\text{商品数量}\times\text{商品周转率}}$$

洛克和休谟奠定了庸俗经济学理论的基础，纽康和甘默尔的公式演变比洛克和休谟晚了很多，并且影响也不如他们的大。直到1911年，资产阶级旧货币数量论最有影响的代表人物、美国耶鲁大学教授欧文·费雪的著作《货币的购买力》出版，旧货币数量论才开始形成一个比较完整的理论体系。

费雪提出的交易方程式为：

$$P=\frac{MV}{T} \tag{3.3.1}$$

即：

$$MV=PT$$

$$P=\frac{MV+M'V'}{T}$$

即：

$$MV + M'V' = PT$$

式中：

P——平均物价水平；

M——货币数量；

M'——银行存款（活期）数量；

V——货币的年流通速度；

V'——银行存款（活期）年流通速度；

T—— 一年内商品和劳务的交易总额。

费雪公式表明，货币数量 M 处于主动的、起支配作用的地位，平均物价水平 P 是随货币数量 M 的波动而波动的。如果把 $P=\frac{MV}{T}$ 改为 $P=M\cdot\frac{V}{T}$，并且假设 $\frac{V}{T}$ 是一个常数（在短期内，V 不可能迅速变化；在充分就业水平上，T 不能再增加），因此，只要 M 发生变化，P 就会按正比例发生变化。

1917 年，英国剑桥大学教授庇古，根据老师马歇尔的学说，提出了一个剑桥方程式：

$$M=ky \tag{3.3.2}$$

式中：

M——货币需求量，即人们为应付日常开支平时暂时保存在手边的货币数量；

y——以货币计量的国民生产总值或国民收入；

k——人们手边经常持有的货币量与名义的国民生产总值或国民收入之间的比例关系。

式（3.3.1）、式（3.3.2）都属于简单的货币数量论。在交易方程式中，M 是指交换中提供的货币数量；而在剑桥方程式中，M 是指为进行支付而需要暂存在手边的货币数量。实际上，两者在数值上是一致的，只不过前者着重于支付过程的机制作用，而后者着重于人们手头的现金作用①。

经济学家们针对旧的货币数量论公式，普遍认为“简单的货币数量理论可以被看作物价水平理论或总需求理论。如果货币供应按照货物购买的不变速度来周转，那么货币供应的增加必然意味着总支出按比例增加。如果整个经济处于充分就业的产量水平上，那么支出的增加必然意味着物价水平按比例上升。如果物价水平的上升是持续的、相当可观的，根据我们的定义，就有了通货膨胀。因此，在既定的这些条件下，只要扩大了货币供应，就会发生通货膨胀，货币供应的增加有多快，通货膨胀就有多快。当货币供应停止扩大时，通货膨胀就中止”②“根据简单的货币数量论的解释，货币供应一停止扩大，通货膨胀过程就中止。货币当局通过它对货币存量的控制，按照上述解释就可以控制总支出，控制物价水平，从而也就控制通货膨胀了”③。

1956 年，货币学派首领弗里德曼指出，芝加哥传统“就是坚持货币至关重要这样一种理论研究方法——如果忽视货币的变动和反应，如果对人们为什么愿意单单保持现有的名目货币量不去加以阐明，那么对经济活动的短期动向的任何解释就会如堕五里雾中”④。他始终沿着剑桥方程式的轨迹创立货币主义学派，针对货币数量论的见解，他还说：“货币理论的一个更为根本的和更为基本的发展，是以受凯恩斯的流动偏好分析影响的方式而重新描述的货币数量说。”所以，芝加哥经济学传统是货币主义理论的另一个渊源。它在经济学理论方面有如下特征：①重视货币理论的研究；②坚持经济自由主义思想，反对政府直接干预市场经济活动。

到了 19 世纪末 20 世纪初，芝加哥大学的詹姆士·劳伦斯·劳夫林，发表了《货币原理》《货币与价格》等著作，表明了他在货币理论方面主张多种

① 胡代光，厉以宁．当代资产阶级经济学主要流派［M］．北京：商务印书馆，1982．

② 引自夏皮罗于 1974 年出版的《宏观经济分析》，原文为外文，中文版本由作者自己翻译。

③ 引自夏皮罗于 1974 年出版的《宏观经济分析》，原文为外文，中文版本由作者自己翻译。

④ 引自弗里德曼于 1956 年所编的《货币数量论研究》一书第 238 页，中文版本由作者自己翻译。

因素决定物价水平的观点。劳夫林指出，货币供应的变动，对货币需求的变动、商品生产费用的变动，对商品需求的变动，是共同决定物价水平的因素，而费雪只是把货币流通量一项看成是物价水平的决定性因素。劳夫林认为物价水平取决于多种因素，但是只要商品生产者通过市场不断改进生产效率，就可以保持物价水平的稳定。

芝加哥大学具有影响力的经济学家还有亨利·西蒙斯、弗兰克·奈特、劳埃德·明茨和雅科布·怀纳等。他们始终坚持“货币至关重要”的方法研究货币理论问题，并承认物价水平与货币流通量之间有某种关系。他们认为，货币流通速度是不稳定的，货币流通量取决于商业银行的信贷活动，所以，货币流通速度的急剧变动，是引起物价水平波动的重要原因。市场经济的自动调节作用也是非常重要的。

第二次世界大战时期，经济学界，包括芝加哥大学的经济学家们认为，市场经济本身不能解决经济萧条时期的严重失业问题，而政府的财政和货币调节能够起到作用。

奈特、西蒙斯和怀纳等学者曾一再呼吁政府采取行动阻止通货紧缩。他们甚至积极赞成利用巨大的、持续的赤字预算来与当时的大量失业和通货紧缩进行斗争。怀纳还强调：就联邦政府审慎地允许在萧条期间积累赤字，在繁荣期间清偿赤字而言，这将成为明智稳妥的政策。

至于伦敦大学经济学院的经济学家们，一直强调经济自由主义；而芝加哥大学的经济学家却主张采取财政和货币调节措施；弗里德曼的看法是，20世纪30年代，芝加哥大学经济学家和凯恩斯之间，在有关“大萧条的原因，货币政策的重要性，以及广泛依靠财政政策的必要性”等方面十分相近①。弗里德曼指出，上述这种相似性使芝加哥大学的经济学家与同时代伦敦、麻省、

---

① 选自弗里德曼于1967年发表的《亨利·西蒙斯的货币理论和政策》，原文为外文，此为作者翻译。

剑桥的经济学家相比，对凯恩斯学说的反感要小得多①。直到战后初期，芝加哥大学的经济自由思想才处于暂时的冷落期。

二、货币主义学派主要代表人物

货币主义学派的首要代表人物是美国诺贝尔经济学奖得主、芝加哥大学教授米尔顿·弗里德曼。他在消费理论分析、货币史与货币理论研究方面以及对经济稳定政策的复杂性问题的论证方面，做出了巨大的贡献。其重要著作有《消费函数理论》、《资本主义和自由》、《美国货币史，1867—1960 年》（与希沃茨女士合著）、《货币最优量和其他论文》、《自由选择》以及《货币政策的作用》、《货币分析的理论结构》、《诺贝尔奖讲演：通货膨胀和失业》等。弗里德曼的研究无论是在货币理论还是在货币政策方面，表述的观点都是极具代表性的。因此，货币主义也被称为“弗里德曼主义”。由于弗里德曼长期执教于芝加哥大学，因此，货币主义学派也被称为“芝加哥学派”，为了区别于亨利·西蒙斯、弗兰克·奈特等人的“芝加哥学派”，又被称作“早期芝加哥学派”。

另外，著名的货币主义经济学家还有英国经济学家艾伦·沃尔特斯、戴维·莱德勒、迈克尔·帕金，奥地利维也纳技术大学教授赫尔姆特·弗里希，美国联邦储备银行经济学家利奥纳尔·安德逊等。

三、货币主义与凯恩斯主义的分歧与接近②

如果不追究实质而从表面看，货币主义和凯恩斯主义在理论和政策主张上似乎是对立的，有学者把它们比作“保守”和“开明”两大对立的派别。另有学者认为，货币主义和凯恩斯主义之间的关系要比这种划分更复杂。

---

① 选自弗里德曼于 1967 年发表的《亨利·西蒙斯的货币理论和政策》，原文为外文，此为作者翻译。

② 胡代光，厉以宁．当代资产阶级经济学主要流派［M］．北京：商务印书馆，1982.

针对上述问题，弗里德曼认为：在一种意义上，现在我们全都是凯恩斯主义者了；在另一种意义上，谁也不再是凯恩斯主义者了。霍特逊认为，如果换一个说法——“现在我们全都是冒牌凯恩斯主义者，所以我们谁也不再是凯恩斯主义者了”，更好一些。霍特逊把货币学派同新古典综合派看成一回事。亨利·沃利克则认为，货币主义和凯恩斯主义学说产生的历史条件不同，也就不可能进行简单对比。他表示：（20世纪30年代）严重失业和萧条给我们带来了凯恩斯主义。后来随着时间的推移，我们国家陷入了这样的通货膨胀之中，它使得许多人成为货币主义者。正如凯恩斯主义是萧条的产儿一样，现在，货币主义是通货膨胀的产儿①。新古典综合派经济学家莫迪利安尼认为：实际上，主要的货币主义者和主要的非货币主义者之间并无重大的意见分歧。例如，弗里德曼曾经表示，现在我们都是凯恩斯主义者了。“而我打算换一种说法，‘我们都是货币主义者’——如果把货币主义的含意定为在决定产量和物价中，货币存量起主要作用的话。”②这种观点代表了大部分新古典综合派认为货币学派误解了凯恩斯学说的观点。

自新古典综合派和货币学派产生以来，两者之间的争吵一直集中在：新古典综合派认为自己和货币学派的分歧并不像货币学派所估计和宣传的那么大，但货币学派不那么认为。因此，要说明白这个问题首先需要厘清两点。

第一，凯恩斯主义（主要指新古典综合派）和货币主义究竟在哪里有分歧？为什么会有这样的分歧？从理论上看，凯恩斯主义与货币主义的分歧表现为对货币数量所起的作用的看法、“自然失业率”假设、对菲利普斯曲线关系的看法、对自由市场经济作用的看法的差别等；从政策上看，表现为对需求管理和收入政策的看法，以及对货币政策的侧重点和具体措施的看法的差别等。

---

① 引自文章《亨利·沃利克访问记：该怎么办》，原载《挑战》杂志1977年，此为作者翻译版本。

② 莫迪利安尼．货币主义论战，即我们是否应放弃经济稳定政策［J］．美国经济评论，1977（3）．

总之，货币主义者坚持认为，货币供应变动决定产量或国民收入水平，即货币供应的变动率是影响经济的关键，而利息率是微不足道的指示器而已。货币主义者认为，由货币当局控制利息率等的各种企图将造成货币供应的不稳定，从而引起经济的不稳定。凯恩斯主义者却认为，货币供应变动将带来产量或国民收入水平的变动，只不过是通过对利息率的影响而间接地发生这种作用。而且，货币供应变动对产量或国民收入水平变动只起着次要的作用，因为凯恩斯主义者在说明决定国民收入水平变动的因素时，更强调投资及其乘数，而不是货币量及其速度。

货币主义者设想，货币的变动会给各种资产的相对价格和收益带来影响，因此，人们根据需要对货币、债券、股票、资本品和耐用消费品等进行选择，相对价格和收益的变化会使选择者改变开支方式。而凯恩斯主义者假定，货币的变动将只是通过对各种债券的市场利息率的影响去影响产量或物价。因此，人们只能在货币与债券之间进行选择，可以看出，凯恩斯主义者强调的只是货币变动对利息率的影响和利息率对物质投资的影响。

货币主义者认为，资本主义市场经济在动态上是稳定的，如果这种经济体系受到外部扰乱，那么，价格和产量适当变动将顺利而迅速地使其恢复均衡。因此，政府实行经济稳定政策反而会造成不稳定。而凯恩斯主义者认为，资本主义经济不可能自行达到均衡，经济体系也不会总在充分就业的产量水平上运行。因此，需要政府实施经济稳定政策，以调节资本主义经济体系的运行①。由此可见，两派之间的分歧主要是两种庸俗经济学的理论之争。

其实，货币主义理论与凯恩斯主义理论都是反科学的。它们完全颠倒了商品与货币流通之间的关系，将原本货币流通从属于商品流通的关系颠倒过来，曲解为商品流通从属于货币流通的关系，并且忽视货币作为价值尺度的职能，根据强制通用的纸币来研究货币流通现象，把金属货币与纸币的流通

---

① 威廉·密契尔，等．宏观经济学文选：当前政策问题［M］．纽约：［出版机构不详］，1974.

混为一谈。至于货币主义者所提出的“自然失业率”，更是从本质上抹杀了资本主义生产需要一支庞大的产业后备军以加强对工人阶级剥削的事实，否定了工人阶级要求提高工资，反对资本主义剥削的正义斗争。货币主义对资本主义市场经济作用的美化，是对传统资产阶级庸俗经济学的和谐论和均衡论的旧调重弹和为垄断资产阶级的公开辩护词，难怪约翰·霍特逊会把货币学派说成新古典综合派的“右翼”。

货币主义与凯恩斯主义的政策主张虽然有所不同，但二者都维护垄断资本的利益。货币主义的基本倾向属于经济自由主义思潮。第二次世界大战结束后，在国家干预主义思潮出现情况下的经济自由主义，很大程度上不同于二百年前的资产阶级经济自由主义。另外，在当代资产阶级经济自由主义思潮中，货币主义在理论和政策主张上都不像哈耶克的新自由主义那样否定任何形式的国家干预，货币主义是在战后资本主义社会多种并发症发作的条件下出现的，它清楚国家干预对维护垄断资产阶级的统治是必要的，不过重点应放在货币政策上，即放在稳定货币供应增长率政策上。这与新古典综合派侧重于需求管理和收入政策的主张有所不同。两派从各自的理论出发，进行宣传，都认为自己的政策最高明、最能维护资本主义制度、最能增加垄断资产阶级的利益。

毫无疑问，以庸俗经济学货币数量理论为依据的稳定增加货币供应量的政策决不可能医治资本主义经济危机。在资本主义社会中，生产能力的无限扩大与人们有支付能力的需求相对狭小之间的矛盾不可能得到解决，只要这个矛盾存在或加剧，资本主义经济危机就必然爆发，资本主义商品流通及商品流通对货币的需求就不可能稳定。在不稳定的经济基础上，货币主义学派要借助于货币数量的“稳定增长”消除危机，是不可能的。

第二，为什么货币主义竭力强调这种分歧，而凯恩斯主义却倾向于消除这种分歧？问题的关键是至今凯恩斯主义仍然在资产阶级经济学中居于正统地位。新古典综合派主要代表人物萨缪尔森把自己学派称为“后凯恩斯主流经济学”，言外之意，货币主义是处于非主流学派位置的。各主要资本主义国家政府在制定经济政策时，仍以新古典综合派的理论和政策主张作为基本的依据，把其他经济学流派的理论和政策主张作为参考。这对于货币主义者来说是难以忍受的。为此，他们大力宣传自己与凯恩斯主义之间的区别，贬低对方，抬高自己。货币主义者就曾竭力攻击财政调节，他们认为，尽管税率稍高可以增加财政收入，但是税率超过一定限度时，财政收入反而会减少①。财政调节不仅造成财政赤字过大、税率过高、征税过多，而且遏制了整个经济的活力。针对这种观点，凯恩斯主义者认为，货币主义者的这种分析并不新鲜，他们所重视的也并不是自己所忽视的，货币主义者对自己的批评是“无中生有”。

凯恩斯主义者认为，货币主义者说凯恩斯主义不重视货币因素的作用、轻视市场经济的作用，其实凯恩斯主义的看法是“货币也重要”，“从来不曾否定过市场经济的重要性”。而关于税率与财政收入之间的关系问题，凯恩斯主义者表示，他们主张采取的财政政策不是增加财政收入的单一政策，不是以增加财政收入为目的，而是以稳定经济为目的，他们也主张在一定时期内减税。凯恩斯主义者认为，他们在减税可以活跃经济这个观点上与货币主义者并无分歧。

总之，凯恩斯主义者认为，货币主义者把彼此本来不那么严重的分歧夸大了。为了维护自己在资产阶级经济学中的正统地位，应付货币主义者的挑战，凯恩斯主义者在与货币主义者的争论的过程中，一方面，宣传二者之间没有根本的分歧，另一方面，为达到更好服务垄断资产阶级的目的，又吸收、采纳货币主义浮动汇率制、收入指数化方案等观点。

在货币主义者与凯恩斯主义者争论的过程中，也可以看到两派在某些方

① 货币主义者在这里根据的是“拉弗曲线”。拉弗曲线以供给学派代表人物、美国的拉弗教授命名。这曲线表现在坐标图上，横轴和纵轴分别是税率和财政收入。当税率为 0 和 100%时，财政收入均为 0。

面观点接近的倾向。1973 年经济危机的爆发加剧了两派之间的争论，两派之中的一些人认为，通过争论可以从对方的某些论点中吸收一些有益的东西，作为探讨的“新”起点。而这种接近只是指某些问题而非全部。以斯坦、来德勒、帕金等人为主要代表[①]的新宏观经济学就是凯恩斯主义和货币主义在某些问题上接近以后的产物。

新宏观经济学不同于以往的凯恩斯主义或货币主义的宏观经济学，它们的重要区别在于：新宏观经济学不像凯恩斯主义那样把财政支出的效应放在货币变动的效应之前（即认为财政因素的影响最重要，货币因素的影响相对而言是“次要的”），也不像货币主义那样只突出货币供应量的作用，把它看成“唯一重要”的因素。新宏观经济学在货币方面采取了折中的态度。也就是说，它在考察通货膨胀的原因和过程时，认为财政因素和货币因素是并重的，它在说明财政因素和货币因素时，表示二者同时对实际产量、需求水平、就业量发生作用。它不仅认为财政因素和货币因素并重，还强调财政因素和货币因素之间的相互影响。斯坦曾在分析通货膨胀时指出：政府支持的增长有可能引起通货膨胀，但是，政府支出增长的来源究竟是什么？如果它是靠政府发行债券获得经费，那么政府债券的发行就有可能导致市场借贷利息率的升高，由此会产生抑制通货膨胀的作用，也就是说，财政因素和货币因素彼此不能分开。来德勒曾提到新宏观经济学自然而然地把我们的注意力集中到进行必要的生产资源再配置所要求的时间之上[②]。这里涉及一个很重要的问题——资源配置问题，即供给方面的问题。一个国家的生产怎样适应价格的上升或下降，尤其是加速上升或下跌（由于“预期”的作用）的过程，就是生产与通货膨胀率变动相互适应的过程。在凯恩斯主义或货币主义的通货膨胀理论中，过去没有考虑资源配置或供给。尽管它们也谈到过“适应”问题，

---

① 斯坦．失业、通货膨胀和货币主义［J］．美国经济评论，1974（12）．

② 来德勒．货币和通货膨胀论丛［M］．芝加哥：［出版机构不详］，1975．

但是主要涉及货币收入或货币支出的调整，而不涉及生产资源的再配置，不涉及供给问题。而新宏观经济学恰恰注意到了供给问题。新宏观经济学的历史并不长，但是，在1973年经济危机之后已成为凯恩斯主义和货币主义二者中的某些人在某些问题上互相接近的产物。

随着资本主义国家通货膨胀越来越严重，在无论凯恩斯主义还是货币主义对之都感到束手无策的情况下，资产阶级经济学界中那些既不愿丢掉凯恩斯主义，又不愿丢掉货币主义的人，必然走上新宏观经济学的折中道路，而新宏观经济学本身并不会因为这种折中而从庸俗经济学变为科学的经济理论。

新宏观经济学经过折中而拼凑起来的“综合”模型，在解释通货膨胀的原因和过程时，基本上仍是一种来自需求与供给方面原因的“混合的通货膨胀”理论。赫尔姆特·弗里希在评论新宏观经济学关于通货膨胀的“综合”模型时说：“这一方程或方程式包括三个决定通货膨胀的因素，即一个过度需求变量，一个表示通货膨胀预期的因素，以及一个说明财政刺激或成本推进因素的外生变量。”① 在这种模型中，财政刺激与货币刺激并列，需求与供给并重。这虽然是一种“新”模型，但它依然掩盖不了资本主义国家通货膨胀的本质，仍把通货膨胀归结为货币供求比例的变动。

人们预期的形成和他们之间预期差异的形成，是近年来受到资产阶级经济学家们重视的一个货币理论。凯恩斯主义者和货币主义者都对此进行研究，并且有接近的趋势。正如凯恩斯主义经济学家、密歇根大学教授泰根承认的：凯恩斯主义和货币主义在价格调整过程问题上的分歧并不是很大，如果说“货币主义对宏观经济思想的发展”有什么“贡献”，那么其中一点就是使我们注意价格预期在动态宏观经济学中可能有重要的作用②。在这两者关于通货

---

① 赫尔姆袋·弗里希．通货膨胀理论，1963—1975年，“第二代”概述［J］．经济学文献杂志，1977（12）．

② 华论·史密斯，等．货币、国民收入和稳定政策文选［M］．伊利诺伊州霍姆渥德：［出版机构不详］，1974．

膨胀的宏观经济模型中，“预期因素”越来越占据重要的地位。但人们的“预期”究竟是如何形成的？这是一个微观经济学问题或宏观经济学的微观基础问题。

资产阶级经济学家们普遍认为，预期的形成过程是复杂的，决定人们的预期的差异的因素也是多种多样的①。罗特希尔德认为，人们预期的形成不可能脱离市场的信息，但他们事先并不知道价格的分配状况，不知道各种产品价格的比例及其变动趋势，因此，信息只可能通过人们在市场上对最低价格的寻找而得到。预期形成的特点就是，不断调整预期，修改估计，重新安排自己的计划。巴洛认为，由于人们不可能获得全部的市场信息、实际价格变动状况，人们预期的价格变动状况不可避免会有出入，这就使得货币供应量的增长难以被正确地估计，而这种未被预计到的货币供应量增长将会引起失业率的变动。由此可见，经济的动荡归根结底来自人们对市场信息获得的方式和不完全的程度。西特尔将人们预期的形成和他们之间预期差异的形成看成个人经验和个人获得的市场信息之间的结合，具体反映在个人对现有职位的评价、对闲暇的理解以及寻找职位的要求等方面；而在经济周期的不同阶段内，由于个人对新旧职位和闲暇（或消费）的理解和要求不同，对工资变动和工资差异变动的预期也就不同，就会影响失业率，从而影响通货膨胀的程度。布伦纳和梅茨勒认为，在分析人们的价格预期时，应当作更细致的分析，即分别指出生产者和消费者的价格预期是有区别的，生产者对预期的调整往往慢于消费者对预期的调整。针对这一点，桑托梅罗和西特尔做出了进一步补充：看来更为可能的是作出这样的假设，由于生产者持续不断地卷入

① 罗特希尔德．在价格分配未知条件下对最低价格的寻求［J］．政治经学杂志，1974（7—8）；巴洛．美国的未被预计到的货币增长和失业［J］．美国经济评论，1977（3）；西特尔．消费、劳工供给和职业寻找的统一模型［J］．经济理论杂志，1977（4）；布伦纳，梅茨勒．菲利普斯曲线［J］．［出版机构与出版日期不详］；布伦纳，梅茨勒．菲利普斯曲线和劳工市场［M］．阿姆斯特丹：［出版机构不详］，1976.

市场之中，以及他们经常雇请专家就经济状况提出建议，与各个家庭相比，他们理应获得较完善的信息，从而较快地调整他们的预期①。

从以上论述可以看出资产阶级经济学家微观货币分析的主要动向就是，他们认为单纯的数量分析已经不能说明问题了，而必须从不同收入水平、不同社会地位的人的具体条件出发来进行分析。至于在人们对工资和价格的变动的预测及其对社会经济活动的影响中，强调市场信息的重要性，以及对人们获得市场信息的方式的分析都有一定的意义。但从资产阶级货币学说的理论基础来看，微观的货币分析基础仍是庸俗经济学，因为它只是在原有的凯恩斯主义或货币主义的庸俗经济理论基础之上的“补充”或“修正”。

马克思曾经指出：货币作为价值尺度，是商品内在的价值尺度即劳动时间的必然表现形式②。从货币的历史看，货币本身是劳动的产品，具有价值，其价值大小既不由它的名目或数量来决定，也不以使用者对它的评价为转移。在讨论预期的形成和差异原因时，资产阶级经济学家仅从货币的数量论出发是不客观的，因为对价格变动率的预期与对货币供应量可能增长率的预期是分不开的，通常把货币数量的一定增长引起价格增长作为既定的前提条件。另外，在谈到人们在时间、储蓄和货币支出之间选择的“合理性”时，资产阶级经济学家虽然提出货币也可充当储藏手段，但并没有从货币价值的客观物质性角度进行分析，过分强调人们对货币的主观评价标准，因此，所谓货币作为储藏手段的职能主要建立在人们的主观认识之上，并非建立在货币是劳动产品的基本前提下，这种分析显然是错误的。

凯恩斯学派和货币学派在上述这些方面的接近，很可能对美国的经济政策产生有力的影响，使其在应付通货膨胀与失业并发症的对策方面使用凯恩斯主义和货币主义的某种混合物，既不完全放弃财政方面的调节，又不只着

---

① 桑托梅罗，西特尔．通货膨胀和失业交替文献述评［J］．经济学文献杂志，1978（6）．

② 马克思．资本论［M］．北京：人民出版社，2018．

重财政调节，适当提高货币政策在货币体系中的地位，更多发挥货币政策的作用，在加强市场经济作用的条件下，日益着重供给方面的对策，着重生产资源的再配置。

在西方经济学界，人们正在注意“供给学派”的形成。从理论和政策看，这个正在形成的“供给学派”，既不同于标准的凯恩斯学派，也不同于标准的货币学派，而很可能是力图恢复 20 世纪 30 年代以前的传统庸俗资产阶级经济学，而又与货币主义在政策上有相似之处的一个学派。也就是说，这个“供给学派”与凯恩斯学派不同的是，它不像凯恩斯学派那样偏重于对需求的分析和主张，通过政府对需求进行调节，而是偏重于对供给的分析和主张，通过市场机制来调节供给，它认为供给自行创造需求；而与货币学派不同的是，它不像货币学派那样把货币看成唯一重要的因素，也不认为只要稳定货币供应量的增长率就能使经济维持稳定。它认为，货币学派只注意货币的供给，忽视资源的供给；只分析货币因素的作用，忽视收入因素，因此，货币学派也具有片面性。从强调资源配置和收入因素分析来说，“供给学派”与新古典经济学是有联系的；从减少国家干预和发挥市场作用来说，“供给学派”也与货币学派有相似之处。“供给学派”主张通过减税增加资源的供给，并要求扩大私人经济活动的领域，它还主张平衡预算、放松对私人经济的管理等措施，但是这些做法很可能难以消除严重的通货膨胀与失业并发症，甚至还会使它们加剧。

第四章

通货膨胀的原因、类型、后果

第一节 通货膨胀的原因

在第一章中已经提到，第二次世界大战期间，无论是在发达国家还是在中国，都曾发生过恶性的通货膨胀，尤其是在第二次世界大战将要结束的最后五年。归纳起来主要有以下原因。

一、政府推行财政赤字政策

第二次世界大战以后，通货膨胀加剧，出现了历史上最广泛、最严重的恶性通货膨胀。正是在这样危急的条件下，凯恩斯学派诞生了。他们认为，经济危机和失业完全是由于社会的“有效需求”不足所致，即消费和投资不足所造成。凯恩斯主义认为只靠私人投资和消费维持充分就业和避免危机是不够的，必须要靠实行财政赤字政策来完成。也就是说，由政府拨款进行公共投资或减免税收、扩大消费、刺激投资和提高“有效需求”，进而达到消除危机和失业的现象。

凯恩斯学派的理论似乎为第二次世界大战后的资本主义经济找到了唯一出路，于是许多国家开始根据凯恩斯学派的理论实行财政赤字政策，扩大政府开支以刺激经济增长，政府的财政支出急剧增长（见表4—1）。

表 4－1　　1950—1975 年世界主要国家财政支出急剧增长情况　　单位：亿

项目＼国家	美国（美元）	英国（英镑）	西德（马克）	法国（法郎）	日本（日元）
1975 年财政开支	3251	396.3	1642	3386	177770
1950 年财政开支	431	40.4	168	247	13414
1975 年财政开支占 GNP 的比重	22%	38%	12%	—	10%
增加倍数	6.5	9	9	13	12

注：西德的数据为 1951—1975 年。日本的数据为 1955—1975 年。
资料来源：《国际金融统计》。

正如凯恩斯主义者所言：在一个日益增长的经济中不必去平衡预算——只要连续的赤字不会使其增长速度超过国民总产值的增长，那么良好而健全的经济就会普遍存在①。在此阶段，以上各国政府均采取了如下三方面的财政政策用于刺激本国的经济增长。

第一，扩大销售市场，增加政府采购。战后西方主要资本主义国家用于采购商品和劳务的费用不断增加。美国用于商品和劳务采购的价值从 1947 年的 25.1 亿美元迅速增加到 1975 年的 330.9 亿美元，分别从占国民生产总值的 10.9%增加到 22%。而英、法、德（西德）等国家从 1950—1973 年，国家消费分别增加了 7.3 倍、11 倍和 12 倍，而日本增加了 23 倍。在战后的历次危机中，英国、法国、意大利和西德等政府消费占 GNP 比重的 10%～20%，日本占到了 40%～50%。除此之外，政府还增加了军事订货。从战后开始直至 1976 年，美国直接军费开支由 205 亿美元增至 880 亿美元，占联邦政府总开支的 24%，成为当时世界上军费开支非常高的国家。1947—1975 年美国的个人消费增加了 5 倍，私人国内投资增加了 4.4 倍，而政府军事采购增加了 8.2 倍。1939—1976 年，美国的 GNP 增长约 15 倍，而军费开支竟增

① 萨谬尔逊．经济学［M］．［出版地不详］：麦克格劳希尔公司，1973.

长了 85 倍[①]!

以西欧和日本为代表的一些国家，先后采取了公共事业建设、房屋建设、基础设施建设等扩大消费的措施。1960 年日本仅在工业地区进行基础设施建设就投资了 3224 亿日元，十年后达到了 14623 亿日元[②]。

第二，采取扩大投资、贷款和补贴政策。第二次世界大战之后，一些资本主义国家为了恢复战争带来的破坏和发展生产，从国家预算拨付大量资金进行价格补贴贷款。日本通过国营的“复兴金融金库”“国民金融金库”和“开发银行”等机构对钢铁、煤炭和电力等部门进行巨额贷款，1950 年占总投资的 17.6%，到 1954 年上升到 30%。英国在战后也大量实行补贴政策，以补助金、偿还超额利润税、补偿工业国有化损失等名义的财政支出占到了国家财政预算的 1/6。

随着经济政治发展不平衡的日益加剧和国际上垄断资本的激烈竞争，各国加紧制订“经济增长计划”，用以扩大再生产和刺激垄断资本的增加。在采取“合并”“改组”和“大型化”措施的同时，还以贷款、补贴、采购、订货等方式对垄断资本进行资助，加速了资本积累和生产的集中。日本推行了“经济高速度发展”方针和“国民收入倍增十年”计划。美国政府为了与苏联展开“经济竞赛”，应付西欧与日本等的“挑战”，也推行了刺激“经济增长”计划。

第三，实行减税政策来扩大投资和刺激消费。尤其是在危机来临之际，政府采取降低企业利润税、固定资产加速折旧减税、新设备投资优惠减税等措施，刺激企业扩大生产。还通过降低个人所得税的方式，刺激消费需求。美国原财政部部长西蒙曾说，对刺激经济来说，减税是更好的一种方式。因此，战后各主要资本主义国家把退税（减免上年度的税收，再在本年度内退还给纳税人）和减税作为刺激投资和消费的重要手段。美国政府惧怕战争结

① 引自香港《经济导报》，1976 年 38～39 期，第 64 页。

② 南开大学经济研究所世界经济研究室，等．通货膨胀概论［M］．北京：商务印书馆，1979.

束后军事需求缩减会引起经济困难，先后采取了税制改革、制定减税法案、削减税收等措施，并且规模越来越大。为了缓和经济危机或摆脱经济困境，美国多次实行大规模的个人所得税和公司所得税减税措施，并且在每次经济危机期间以刺激某项需求为目的，实行一些局部的减税措施。

随着刺激经济措施的实施，美国、英国、法国、西德、日本等国的财政赤字越来越严重，并且成了一种经常性的现象。尤其进入 20 世纪 70 年代以后，各资本主义国家的财政赤字急剧增加。如表 4—2 所示。

表 4—2　　1950—1975 年主要资本主义国家财政赤字情况　　单位：亿

国家 年份	美国 （美元）	英国 （英镑）	法国 （法郎）	西德 （马克）	日本 （日元）
1975	—442.2	—83.8	—430.1	—340.6	—70520
1970	—28.5	6.7	36.8	—5.6	—3190
1960	7.8	—3.1	—41.7	—13.6	—536
1950	—22.1	3.7	—57	—5.6	—1408

注：1950 这一栏中西德为 1951 年数据；日本为 1955 年数据。

资料来源：《国际金融统计》各年。

许多国家常用增税、发行公债和纸币的方法弥补财政赤字。在这三种形式中，战后以发行公债为最主要的方式；税收是弥补巨额财政赤字的主要来源；而减税不过是为刺激经济在增税基础上采取的微不足道的措施。因此，随着财政赤字的急剧增加，税收的增长速度也会出人意料。

美国 1946—1975 年都存在赤字，并且赤字额呈现直线增长。1946—1975 年财政赤字净额为 1823 亿美元；1950—1959 年平均每年赤字 12.5 亿美元；1960—1969 年平均年增长 57 亿美元；而 1970—1975 年平均年增长高达 185 亿美元。数据表明，美国战后财政赤字已经达到相当严重的程度，英国、法国、西德、日本此时期也同样存在着这种情况。

当时，追随凯恩斯主义的国家，弥补财政赤字大都采取了增税的办法，由于过重的税收会引起大众的不满，因此，政府除用税收作为弥补财政收入的手段以外，更多采取了发行公债的方式。然而，公债比税收更具有欺骗性，这一点马克思早已道破天机：“借债使政府可以抵补额外的开支，而纳税人又不会立即感到负担，但借债最终还是要求提高税收。”①

战后，资本主义国家信用制度已经非常发达，大多数国家已很少采用发行纸币的方式来弥补财政收入，取而代之的是发行公债，作为解决财政赤字的主要手段，即由中央银行发行不兑现的银行券作为保证。随着财政赤字的不断加大，公债发行额也迅速上升。

由于公债是通过银行系统发行的，因此，大量发行公债就会引起流通手段当中的纸币和信用货币超量发行，最终引起通货膨胀。其主要表现在以下几个方面。

第一，公债由中央银行购买。中央银行把公债券作为发行通货的保证，从而引起流通中纸币发行量的大量增加。然后中央银行在认购政府公债以后，在它的往来活期存款账户上给政府立一个名义上的户头，再根据这笔虚拟厂商从国家那里拿到中央银行的支票（并不是付给现金），将其存入商业银行。之后，商业银行就可以把这笔资金再存入中央银行，用以扩大它在中央银行的存款（即准备金）。如此，商业银行就可以根据增加了的法定准备金比例，扩大其贷款的数额。因此，商业银行就可以循环利用贷款创造出数倍的活期存款，再由中央银行认购公债，数倍地扩大信用货币的流通额。

第二，在商业银行推销国家公债，如果用私人的存款购买，银行贷款将相应减少，流通中的货币量不会因此而增加，所以银行大都用创造虚拟货币的办法来认购国家公债。商业银行往往用减少在中央银行存款的办法进行转账，再把从中央银行开出的支票支付给厂商，厂商再将收到的支票存入商业银行。如此一来，商业银行一方面增加了在中央银行的存款，另一方面使其

① 马克思，恩格斯，等．马克思恩格斯全集［M］．北京：人民出版社，2016.

存款数额与其转账前在中央银行的存款数额相当。即商业银行可以将厂商交来的中央银行支票的数额记入厂商的活期存款账户，然后厂商据此向商业银行签发支票，实际上会增加这些支票的流通量，从而引起流通中转账支票形成的活期存款额的扩大——最终创造出一倍的信用货币①。

第三，公债会减少厂商和个人的货币持有量。也就是说，当政府把出卖公债得到的资金款项支出时，等于又增加了等量的货币，因此，流通中的货币量总是保持着不变。

从上述三种表现可以看出，在当时的财政政策中，公债对于扩大货币流通量具有越来越重要的影响。由于公债利率低于贷款利率许多，为了追逐发放贷款的高利，商业银行尽量减少认购公债的数额，甚至持有的公债比例有停滞、下降的趋势，造成中央银行认购公债的数额不断上升。美国联邦储备银行持有的公债额从1950年的208亿美元增加到1975年的879亿美元，增加了3倍左右。同期商业银行持有的公债由618亿美元增加到851亿美元，仅增加了37.7%。到1975年时，联邦储备银行持有的公债已经高于商业银行持有的公债。因此，稳定物价的努力，相继为失去控制的政府预算所打乱，中央银行常常感到不得不创造信用来弥补巨额的预算赤字②。

由于中央银行发行公债后，可以据此直接增发通货，商业银行却不能，因此，中央银行发行公债比商业银行发行公债对扩大货币流通量的影响大得多（尤其是通过虚拟存款办法创造信用货币的能力）。中央银行发行公债发出的支票转入商业银行，变相地使商业银行在中央银行创造出数倍的活期存款。因此，中央银行不断加大发行公债，加剧了通货膨胀的发展。随着战后主要资本主义国家财政赤字和公债的大幅度上升，货币供应量和物价也随之急剧增长。

---

① 伊·夏皮罗．了解货币［M］．［出版地不详］：哈考特布来斯公司，1975.

② 引自《美国新闻与世界报道》，1973年1月15日，原文为外文版本，引为作者翻译。

表4—3显示，庞大的财政赤字是大多数通货膨胀的前奏。正如马克思所言：实际上，纸蝴蝶，即单纯的货币符号，在公众中飞舞，并不是为了“抛弃”贵金属的基础，而是为了把它从公众的钱袋诱入空虚的国库里去①。资产阶级为了自己的利益，不惜耗费巨额财政支出刺激几乎衰竭的经济，解救经济危机，使国库亏空达到了前所未有的地步。因此，增加通货就成填补越来越空虚国库的主要手段，这些就是加剧通货膨胀的原因所在。

表4—3　20世纪50—70年代美国联邦政府财政赤字、公债年平均增长额、货币供应量年增长率、消费物价指数年增长率

年代＼项目	财政赤字（亿美元）	公债年均增长额（亿美元）	货币供应量年增长率（%）	消费物价指数年增长率（%）
20世纪50年代	18	32	2.6	2
20世纪60年代	57	79	3.8	2.9
20世纪70年代（1970—1976年）	258	418	5.9	6.5

资料来源：《国际金融统计》各年。

二、政府实行信贷扩张政策

第二次世界大战以后，资本主义国家刺激经济的另一手段是加强国家对信贷领域的“干预”。实行了信贷扩张政策，使信用货币的增长大大超过国民经济中商品流转增长的需要。这就是第二次世界大战以后通货膨胀进一步加剧的另一个重要原因。

本来银行的作用是从社会上收集闲置的货币资金，供应资本主义企业扩大生产和投资的资金需要。然而，为了刺激经济的需要，银行供应资金的范围不断扩大，不仅要扩大对企业投资的供应，还需要用增加消费信贷、预支

① 马克思，恩格斯，等．马克思恩格斯全集［M］．北京：人民出版社，2016.

购买力的办法来扩大个人消费，为垄断资本家提供有利的市场和为国家消费提供巨额资金。所以，战后各主要资本主义国家银行信贷额普遍急剧增长（见表 4—4）。

表 4—4　　1950—1975 年私人信贷情况①

地区	增加倍数
美国	4
英国	19
西德	33
法国	47
日本（1953—1975 年）	33

资料来源：《国际金融统计》各年。

当时，美国的私人信贷由 989 亿美元增加到 5169 亿美元。与此同时，金融机构对中央和地方政府的信贷（包括购买债券和贷款）也迅猛上升。使公私信贷膨胀大大超过了工业生产的增长速度。

商业银行的信用扩张过程正像美国花旗银行概括的：当前世界上信用变得过度膨胀，基本上是因为中央银行在保证它。中央银行用它本身的信用膨胀来保证它②。

第二次世界大战后，在资本主义国家的货币总量中，商业银行发放的信用货币占绝大部分。美国商业银行持有的贷款和证券在整个货币供应量资产中所占比重为：1939 年 63.8%；1945 年 71.8%；1971 年 86.3%。在 20 世纪 50 年代美国的公私信贷年均增长 41 亿美元，60 年代增长 88 亿美元，70 年代迅速增长到 641 亿美元。在此阶段，美国、英国、法国、西德和日本的工业生产总值分别增加 1.4 倍、0.75 倍、3 倍、21 倍和 9 倍；公私信贷分别增加

① 私人信贷包括工商业信贷加个人消费信贷和抵押信贷。

② 欣肖．作为全球问题的通货膨胀［M］．华盛顿：约翰·霍普斯金大学出版社，1972.

3 倍、9 倍、4 倍、27 倍和 36 倍。由此可见，进入 20 世纪 70 年代以后，资本主义国家信贷额比之前增加得更迅速。以上这些数据表明，战后商业银行成为主要的货币供应者，是现代资本主义国家实行通货膨胀的主要工具。

战后主要资本主义国家大力推行凯恩斯主义的信用扩张政策造成信用猛烈扩张，主要的扩张信用的政策有以下三个方面。

第一，降低再贴现率。中央银行通过降低再贴现率的方法刺激商业银行扩大信贷。贴现就是厂商把未到期的商业票据卖给商业银行，取得扣除利息后的款项。银行再贴现时对顾客扣除的利息率叫贴现率。而商业银行把它从厂商买进的商业票据再卖给中央银行，得到扣除利息后的款项，是再贴现。中央银行对商业银行再贴现时扣除的利息率称为再贴现率。再贴现率一般要低于贴现率。中央银行可以通过提高或降低再贴现率控制对商业银行的贷款数量，直接影响商业银行对厂商的贷款能力。若中央银行降低再贴现率，就会增加商业银行从中央银行的贷款，从而扩大信贷规模①。

第二，降低会员银行的法定存款准备金比例。中央银行通过降低会员银行的法定存款准备金比例的方法扩大商业银行的贷款能力。战后按照法定存款准备金制度，商业银行要按照其存款额向中央银行缴纳一定比例、一定数量的存款和库存现金作为准备，之后才能够在规定比例内对企业发放贷款。在中央银行降低会员银行准备金比例的情况下，商业银行就能在同等数量准备金的情况下，增加对企业贷款的数量，扩大信贷规模。

第三，在公开市场买进或卖出公债券。中央银行通过在公开市场买进或卖出公债券可以起到扩张或收缩银行信贷的作用。在公开市场上，当中央银行从商业银行买进债券时，一般将应付给此商业银行的价款记入其在中央银行的存款账户上，相当于增加了该商业银行在中央银行的准备金，也就相应增加了该行的放款额度；在公开市场上，当中央银行卖出公债券，商业银行

① 南开大学经济研究所世界经济研究室，等．通货膨胀概说［M］．北京：商务印书馆，1979.

买进公债券时，相当于减少了该行在中央银行的准备金，因此，就缩小了该行的放款额度。

在以上三个方面中，由于主要资本主义国家大规模地实行财政赤字政策，使公债券泛滥于金融市场。在商业银行向中央银行的抵押借款中，已很少使用商业票据再贴现，基本上都用债券作为保证。因此，中央银行通过第一种方法调节信用已不是首选手段。而变动存款准备金比例的方式，即第二种方法，由于过于激烈，一般也不采用。因此，在公开市场上买卖公债券（即第三种方法）成为“当前货币政策中最有威力的武器”①。

由于在公开市场上买卖公债券作为中央银行调节商业银行准备金的主要手段，中央银行的公债券占据了资产的绝大部分比重（见表 4—5），可以说，公债券不仅是国家解决财政赤字的手段，更是扩张信用的基础。

表 4—5　　20 世纪 70 年代各国资产中公债券所占比重

国家	公债券占比
美国	75%
英国	90%
意大利	90%
日本	50%

资料来源：《国际金融统计》，1976 年。

注：英国为 1975 年数据。

随着金本位制的退出，公债券取代了支票等信用货币的作用，使流通中的信用货币可能超过商品流转的需要，引起通货膨胀的发生和发展。第二次世界大战后主要资本主义国家实行了法定存款准备金比例制度，名义上是中央银行用来调节商业银行的信用，实际上是放开了商业银行库存现金的限额，为商业银行创造超过商品流转正常需要的虚拟存款铺平了道路。

① 萨缪尔森．经济学［M］．［出版地不详］：麦克格劳希尔公司，1973.

比如，法定准备金比例为 1/6，商业银行可以根据这个比例连锁地创造信用，设立虚拟存款。如果其账户有 100 美元的活期存款，就可以创造出 600 美元的活期存款，追加出 5 倍的信用货币来[①]。英国的法定准备金比例为 12.5%，大约可以创造出 7 倍的信用货币来[②]。因此，建立在公债基础上的虚拟存款的大量增加，是使信用货币超过商品流转的需要、引起通货膨胀的重要因素。

三、银行短期借款比重增加

银行短期借款的比重迅速增加，也会导致信用货币超过商品流转的需要，加剧通货膨胀。前面已经讲到，战后资本主义国家大力推行凯恩斯主义的信用膨胀政策，使银行信用成为国家刺激经济的重要手段。为了刺激经济，银行不仅是企业外部资金的主要供应者，而且要为国家消费投资和个人消费信贷提供大量资金。在银行供应资金范围不断扩大时，银行的资金来源也要相应扩大。为了加强竞争、追逐利润，除扩大各种存款以外，银行还会把增加短期借款作为扩大资金来源的重要途径。因此，短期借款（见表 4—6）在银行的资金来源中占有显著的地位。银行的短期借款是在存款之外追加的一种资金来源，对扩大信用货币的流通量具有重大影响。

表 4—6　　1965 年 12 月 31 日总存款在 1 亿美元及 1 亿美元以上银行的短期借款　　单位：10 亿美元

年份	贷款	短期借款	短期借款占未偿还贷款的百分比（%）	定期存款单	新借的联邦基金
1950	31.6	0.7	2.2	—	—
1960	71.6	3.2	4.5	—	1.4

① 伊·夏皮罗．了解货币［M］．［出版地不详］：哈考特布来斯公司，1975.

② 维·摩根，等．欧洲共同体的银行制度和货币政策［M］．伦敦：伦敦金融时报社，1974.

续 表

年份	贷款	短期借款	短期借款占未偿还贷款的百分比（%）	定期存款单	新借的联邦基金
1965	120.3	24.9	20.7	16.1	2.6
1970	188.8	54.1	28.7	26.1	18.8
1974	319.3	155.0	48.5	92.2	54.0

资料来源：美国《联邦储备公报》，转引自美国《每月评论》，1975 年 2 月。

从表 4—6 短期借款项目看，定期存款单和联邦基金为大宗。定期存款单从存户角度看就是存款，而从银行角度看是出售银行票据所获得的价款——就是借款。1965—1974 年，美国商业银行短期借款中依靠发行定期存款单的数量从 161 亿美元迅速增长到 922 亿美元，增加了约 4.7 倍，占短期借款的 60%左右，相当于银行贷款的 28.9%。由于定期存款的准备金比率比活期存款低，银行就将出售定期存款单的借入资金（定期存款）贷放出去，其放款倍数比活期存款大；同时，定期存款单在票据市场上不断转让，增加了货币流通速度，从而扩大了货币供应量。

联邦基金本来是商业银行在联邦储备银行中的过剩准备金，银行可以用借款的形式把这些准备金给其他银行使用，它是银行间相互调剂准备金的一种临时应付措施。但后来，银行往往把它变成扩大放款的手段，甚至一天就可以调剂银行系统准备金总额的 70%，高达 250 亿美元。以美国为例，1960 年商业银行借入的联邦基金为 14 亿美元，到 1974 年时已剧增到 540 亿美元，增加的金额超过了 37 倍。这个例子说明，银行借入的联邦基金对于迅速扩大信用货币，增加货币流通量有着极其重要的影响。其他项目的短期借款，对扩大货币流通量，增加货币流通速度，同样有着极其重要的影响。另外，为了追逐高额垄断利润，在激烈的竞争中取胜，金融业广泛实行电子计算机化科技手段，使银行转账和票据清算时间缩短，进一步加快了货币流通速度，增加了流通中的货币量。1945 年，美国在纽约活期存款年周转率（即支票的年周转率）为 24 次，1960 年增长到 60 次，随着电子计算机的发展，1975 年上半年已迅速增加到 328 次。由此可见，如此猛烈增长的货币流通速度，必将引起通货膨胀的加剧。所以，战后资本主义国家经常性地出现通货膨胀是资本主义发展的必然产物，也是采用刺激经济措施、造成经常的财政赤字、严重的信用膨胀、引起通货膨胀严重发展的内在原因。

20 世纪 70 年代以后，以美元为中心的资本主义货币体系崩溃，形成了以美元为中心的资本主义世界货币体系。将通货膨胀的发展推向了深渊。1944 年 7 月，各资本主义国家代表聚集美国布雷顿森林，举行了“国际货币金融会议”，会上签订了《国际货币基金协定》。美国根据这个协定强迫其他国家接受了布雷顿森林体系。即规定美元与黄金挂钩，按 1 盎司黄金等于 35 美元的官价向美国政府兑换黄金；各国货币与美元挂钩，规定其他国家货币必须与美元保持固定的比价，只能在这个比价的上下浮动 1%，超过这个限度各国中央银行必须加以“干预”和“稳定”，即“固定汇率制”，使美元等同于黄金，成为“世界货币”。至此，美元不仅可以代替黄金作为国际间的支付手段，而且可以用来作为其他国家的储备货币，为美国向世界各国滥发美元创造有利条件，使其在政治、经济和军事上取得了有利的地位。

马克思曾经指出：货币一越出国内流通领域，便失去了在这一领域内获得的价格标准，铸币、辅币等，又恢复原来的贵金属块的形式[①]。由美元纸币充当“世界货币”，在本质上存在着不可克服的矛盾。因为只有黄金才具有世界货币职能，才可以充当国际间的支付手段和贮藏手段，而美元纸币并不具备世界货币的职能，它在最后履行国际间的支付手段时，必须用黄金来体现。因此，美元在战后资本主义货币体系中以其矛盾的双重身份存在。即在美国

① 中共中央马克思恩格斯列宁斯大林著作编译局．马克思恩格斯全集［M］．北京：人民出版社，2016.

内它不能兑换黄金，但因为不受黄金准备金的约束，可以随意地增发美元纸币；在国外，它可以兑换黄金，执行“世界货币”的职能，作为弥补它的国际收支逆差，使大量美元流入其他国家。当其他国家将持有的美元向美国兑换黄金时，美国的黄金贮备就会逐渐空缺，造成以美元为中心的资本主义货币体系的严重危机。

众所周知，美国在第二次世界大战时发了“横财”，战后初期经济实力十分雄厚，工业产量占世界资本主义国家的60%，出口额占到1/3，黄金储备占3/4。战后由于美国长期实行侵略和扩张的政策，海外军费支出和对外资本输出不断增加。随着时间的推移，从20世纪60年代开始，美元的霸权地位面临严峻的挑战，西欧等国和日本受战争破坏，生产下降、出口萎缩的局面已经扭转，经济实力不断增强、出口不断增加。而美国在1950—1974年的国际收支逆差已经高达880亿美元，急需黄金补偿，美国黄金储备迅猛减少。

由于美国的国际收支逆差只有20%是用输出黄金弥补，其余的80%都需要用美元弥补，因此，大量美元外流，各国持有的美元不断增加，向美国兑换黄金的需求不断加大，美国黄金储备迅速减少，到1973年时，美国的黄金储备总额仅有104亿美元，根本满足不了国外兑换的需求。美元失去信用，引起了抛售美元，抢购黄金、西德马克和瑞士法郎等硬通货的风潮，致使黄金价格上涨，美元对外汇的价格下跌，连续爆发十多次美元危机，西欧主要外汇市场一片混乱。

此后，美国采取新经济政策，停止外国中央银行以美元向美国兑换黄金，并采取几次美元贬值，最终将黄金官价从每盎司35美元和38美元提高到42.22美元，尽管如此，美国也没能保住它的“世界货币”和“固定汇率制”。1973年3月，西欧和日本放弃美元的“固定汇率”，开始实行浮动汇率，美元不再是这个世界权威的、居支配地位的货币了①！这标志着以美元为中心的资

① [作者不详]. 国际先驱论坛报 [N]. 巴黎，1971—12—16.

本主要世界货币体系的崩溃，即1971年8月15日暂停美元兑换黄金的决定使公众认识到这样一个事实：布雷顿森林时代已经结束了[①]。这无疑对资本主义世界，尤其是西欧等国和日本的通货膨胀的进一步发展起到了添油加醋的作用。正如《英国观察家》报所说的：如今几乎没有什么人怀疑这一点，即造成这种通货膨胀的星星之火来自美国[②]。

综上所述，战后资本主义国家通货膨胀不断恶化是由资本主义不同阶段的制度所决定的。

第二节　通货膨胀理论的类型

正如前文所论述的，过去几十年间的通货膨胀都是由战争和革命所带来的。但如今不同，1980年，巴西和阿根廷都在和平时期出现了恶性通货膨胀，这让我们重新认识到，战争和革命不再是通货膨胀的主要原因，通货膨胀也不是资本主义国家的唯一产物，南斯拉夫是社会主义国家，而它的通货膨胀率在所有欧洲国家中居于首位。因此，通货膨胀是可能发生在所有国家的现象。通货膨胀就是政府为自己的活动筹资而印制大量的钞票，即一种印刷机现象。

查阅文献可知，目前对通货膨胀形成的原因从理论形态上分为成本推动说与需求拉动说两种。

一、成本推动说

成本推动说认为，在社会商品和劳务需求不变的情况下，由于供给本身的价格提高而引起成本上升，从而导致物价普遍上涨，形成了通货膨胀。即生产

① 美国国际经济政策委员会．1973年度报告［M］．［出版地点、机构、时间不详］．

② 阿·甘贝尔．危机中的资本主义［M］．［出版地不详］：麦克米伦公司，1976．

要素所有者之间的冲突降低了物品和服务的产量（Q）导致价格（P）上升。生产成本提高包括：①工资成本推动；②间接成本推动；③垄断价格推动；④进口成本推动。用公式表示为：$P=\frac{MV}{Q}$。成本推动说的通货膨胀如图 4—1 所示。

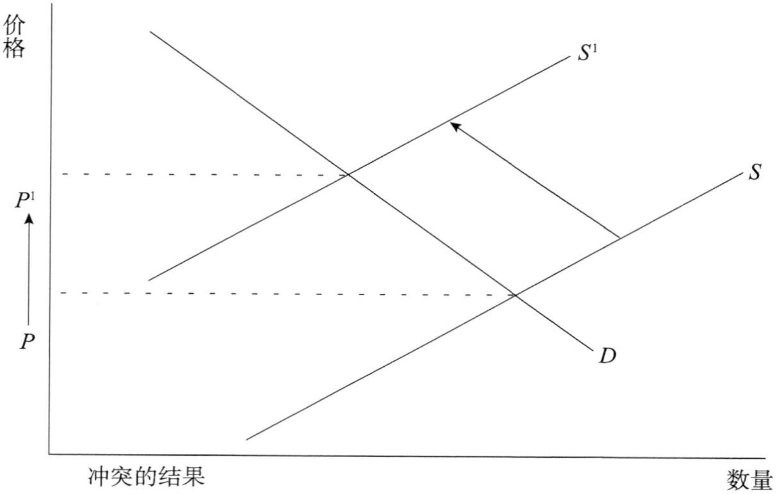

图 4—1　成本推动说的通货膨胀

二、需求拉动说

需求拉动说认为，总需求大于充分就业时的总供给，就形成了通货膨胀。即 M 增加导致 P 上升。凯恩斯学派认为，超额需求现象的影响因素包括：①人口激增带来的民间消费；②企业过度投资；③政府庞大的财政赤字；④出口的激励增长。也就是说，物价上涨与超额需求的大小紧密地联系在一起。用公式表示为：$P=\frac{MV}{Q}$。需求拉动说的通货膨胀如图 4—2 所示。

另外，有的学派认为，物价上涨是货币数量大幅增加所致。

按照本书第二章第二节的定义，通货膨胀是价格水平全面持续上升的过程，它具有货币贬值的效果。一些学者又从通货膨胀率上将通货膨胀分为以

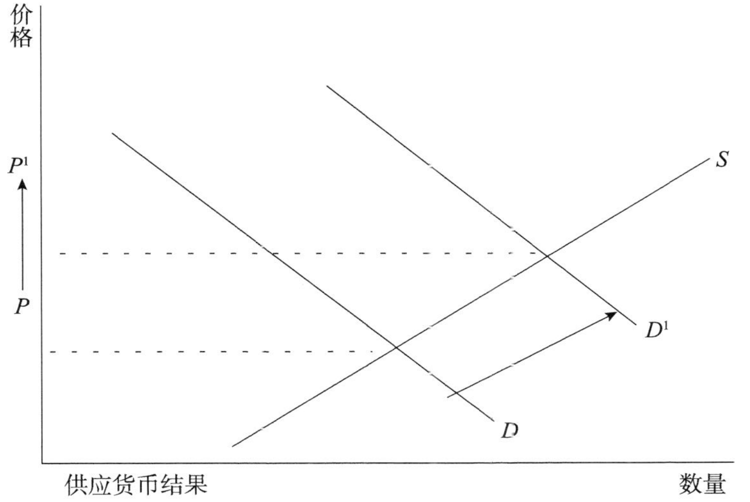

图 4—2 需求拉动说的通货膨胀

下三种类型。

第一，适度型通货膨胀（Moderate Inflation），指物价水平年上涨率小于 9%；

第二，飞驰型通货膨胀（Galloping Inflation），指物价水平年上涨率大于 10%；

第三，超速型通货膨胀（Speeding Inflation），指物价水平年上涨率高达 100%①。

实际上，在日常生活中，如果物价水平超 7%，人们就会感觉到严重的通货膨胀。若物价水平年上涨率大于 20%，人们就认为发生了恶性通货膨胀。中国台湾经济学家于宗先等学者把通货膨胀分为以下四种类型②。

① 根据 1971 年诺贝尔经济学获得者保罗·萨谬尔森与威廉·诺德豪斯合著的《经济学》中的内容分类。

② 于宗先，王金利．台湾通货膨胀［M］．台北：俞国华文教基金会业书，1999.

第一，低度通货膨胀（Low Inflation），是指一般物价水平年上涨率在1%～5%。这种通货膨胀对生产者有利，对固定收入阶层的人也没有太大的影响。

第二，中度通货膨胀（Moderate Inflation），是指一般物价水平年上涨率在6%～10%。这种通货膨胀是人们普遍可以忍受的水平。由于这种程度的通货膨胀会使工薪阶层的收入打折扣，而工薪阶层的所得很难一次调高10%，尤其是那些退休和退役靠固定存款拿利息生活的人们，因为年息很难超过10%，所以他们的所得显然减少很多。

第三，高度通货膨胀（High Inflation），是指一般物价水平年上涨率超过10%，而低于30%。这是一般人难以忍受的水平。无论薪资增加率或银利利率，其年上涨率很难达到这个水平，尤其20%以上的上涨率。

第四，超高通货膨胀（Hyper Inflation），是指一般物价水平年上涨率超过30%。例如1974年由于石油价格暴涨及国际粮食歉收所引发的通货膨胀，使中国台湾地区的消费物价水平上涨47%。如此高的通货膨胀往往会引发社会动乱。

目前，一般将“Low Inflation”翻译为慢性通货膨胀，将“Hyper Inflation”翻译为恶性通货膨胀。至于怎样程度的物价水平年上涨率是慢性通货膨胀或恶性通货膨胀，并没有一个明确的界限。

通货膨胀无论是由什么原因引起的，它都是危险的，甚至是致命的，不管是超速型通货膨胀、超高通货膨胀，还是恶性通货膨胀，都会对人们产生严重的影响，如果不及时采取措施，它将毁掉整个社会。当恶性通货膨胀发生时，货币就失去了购买力成为一文不值的纸张，并且其价值会随时间而降低，致使人们宁愿采用物物交换的方式达成交易，也不愿意持有货币。

面对恶性通货膨胀这种可怕的经济现象，人们应对它有两种方式：第一，听之任之；第二，积极化解它造成的损失。一般来讲人们普遍采取第一种方式，只有少数人采取第二种方式。而采取第二种方式是基于对预期的运用。于是产生了预期到的通货膨胀和未预期到的通货膨胀。如果实际通货膨胀率等于预期到的通货膨胀率，那么，任何货币政策对实质经济活动都会无效。当通货膨胀发生时，房屋、土地、汽车等耐用品的价格会随着一般物价上涨而上涨。而储蓄和信托凭证等财务性资产，却不会随一般物价上涨而上涨。为避免这种损失，人们会将预期的通货膨胀率看作贴水，反映在各名目利率里，使这些财务性资产能免受侵蚀，这种现象称为费雪效应，就是名誉利率等于实质利率加通货膨胀率。用方程式表示为：$P=\frac{MV}{Q}$。这就是著名的费雪方程。其中：$P=$ 价格；$M=$ 货币量；$V=$ 货币周转速度；$Q=$ 市场供应的物品和服务总量。

为了便于理解，在这里用实例进行解释。譬如，在一个无通货膨胀现象的社会，向银行存入 1000 元（年利率为 5%），一年后的本利和为 1050 元，其计算公式为：

1000×（1+0.05）=1050（元）

但是，假设在通货膨胀率为 10%的情况下，同样存入银行 1000 元，一年后的本利和仍为 1050 元，但只能买到价值 945 元的实物，其计算公式为：

1050×（1－0.1）=945（元）

换句话说，把 1000 元存入银行，一年后它反而贬值变成 945 元，比一年前存入银行时少了 55 元。如果在年初就预期到未来一年的通货膨胀率为 10%，那么 1000 元就要减少 100 元，存款一年后就剩下 900 元了。为了避免损失，且使 1000 元的存款保有原有的价值，就需要将名誉利率定为 15%，其中 10%为通货膨胀的贴水，使其本利和变为 1150 元，用计算公式表示为：

1000×（1+0.05+0.1）=1150（元）

这样，1000 元的银行存款就不会缩水了。

第三节　通货膨胀的后果[①]

无论是在世界上哪个国家，物价稳定都是人们所期盼的。如果物价不稳定，发生人们难以忍受的通货膨胀，其后果会不堪设想。因此，西方国家把通货膨胀称为“人类的公敌”。一般来讲，通货膨胀会带来如下的后果。

一、重新分配财富

由于个人收入的来源，主要为薪资所得和财产所得（包括流动性和固定性资产）。因此，一般情况下，薪资所得调整的幅度低于物价的上涨幅度。在物价水平不变的情况下，如果一个人月薪为 6 万元，他就可以购买到价值 6 万元的物品；但如果物价上涨了 5%，同样是月薪 6 万元，他就只能买到价值 5.7 万元的物品，这对所有工薪阶层的影响是同样的，可是对持有固定资产阶层的影响却不同。当一般物价上涨时，固定资产的价值也会水涨船高，所以物价上涨 5%，固定资产的价值不会因此而缩水 5%，这就会导致工薪阶层与固定资产阶层的所得差距加大。

实际上通货膨胀对拥有固定收入的人们最为不利。例如，退休及退役的人们，他们的收入是固定的，面对物价的上涨，他们的生活水平会下降，即使存在银行的退休金有利息收入，如果通货膨胀率高于利率，他们的收入也会减少。

通货膨胀对于借贷关系人有财富重新分配的效果，假如通货膨胀率为 10%，而年利率也是 10%，债权人的本钱为 10 万元，一年之后，若不发生通货膨胀，它的本利和为：

---

① 于宗先，王金利．台湾通货膨胀［M］．台北：俞国华文教基金会业书，1999.

100000×（1＋0.1）＝110000（元）

可是因为通货膨胀率也是10％，在此情况下其本利和为：

110000×（1－0.1）＝99000（元）

这表示债权人的本金缩水了，债务人因此而得了便宜。

二、效率降低

在商业经营上，通货膨胀会导致商品或劳务价格不断调整，造成额外成本的增加。通货膨胀上升的速度越快，商品价目的更换次数就越多。餐厅的菜单需要经常更换，计程车的码表要不断调整，电话费率也要跟着调整……通货膨胀对整个经济体系所造成的无谓损失被称为菜单成本。通货膨胀增加了企业必须承担的菜单成本，这就是效率降低的后果。

三、征收比例税

任何一个国家的政府都不愿意承担通货膨胀的责任，哪怕不是恶性的通货膨胀。货币供给过多是引起通货膨胀的最重要因素，发行通货的政府就应该承担起控制通货膨胀的责任。当通货膨胀大幅降低人们的可支配所得时，不论贫富，人们的可支配所得都要按通货膨胀率的幅度缩水，就相当于政府向人们征收了一笔比例税。例如，一个人的年可支配所得为100万元，在通货膨胀率为5％的情况下，他的100万元会变成95万元。

1000000×（1－0.05）＝950000（元）

也就是说，政府所发行的通货，票面价值是1元，实际上只值9角5分，因此政府就赚了5分。

除此之外，通货膨胀也会产生由其所引发的赋税扭曲现象，因为赋税的征收是以名目价值为准，通货膨胀现象会自动增加政府的名目税收，如货物税、营业税等。

四、社会乱源

仅以 20 世纪为例，严重的或恶性的通货膨胀会导致政权的没落或社会秩序的破坏。在高度通货膨胀时期，国家多是民不聊生，而有野心的政客却会乘势而起。例如 1922 年年初至 1923 年年底，德国的物价指数暴涨 100 亿倍，也就是说，如果一个人在 1922 年年初持有德国 3 亿元公债的资产，不到两年时间（到 1923 年年底），这笔巨额资产就大幅缩水，连一块糖也买不到了。于是希特勒乘机取得了德国政权。只要发生严重的通货膨胀并且持续一年以上，基本上都会引发社会动荡。除此之外，通货膨胀对投资意愿存有抑制的效果，因为它使投资者无法预计他的收益和成本，而且会使其资源配置变得无效率。

按照凯恩斯理论，失业存在于经济低迷的时期，此时生产停滞，利率就会降低。而通货膨胀则存在于经济高涨时期，此时生产发展，利率就会提高。因此，失业与通货膨胀不可能同时发生。然而通过 LM 曲线①和 IS 曲线②的移动，可以发现如果 LM 曲线左移则会有滞涨出现，即失业与通货膨胀并存。

新古典综合派根据菲利普斯曲线（见图 4—3）表明失业与通货膨胀之间此消彼长的替代关系，主张政府在这两个“祸害”之间进行抉择，取得最佳平衡。

关于菲利普斯曲线的主要观点有以下几点。

第一，成本推动通货膨胀理论。即通货膨胀由工资成本推动引起，根据这一理论，把货币工资增长率同通货膨胀率联系在了一起。

第二，对凯恩斯观点的否定。即失业率和通货膨胀存在着替代取舍的关系，它们有可能并存。

---

① 所有满足货币市场上的均衡所需的收入与利率水平的组合点的轨迹。

② 所有满足产品市场上均衡的收入与利率的组合点的轨迹。

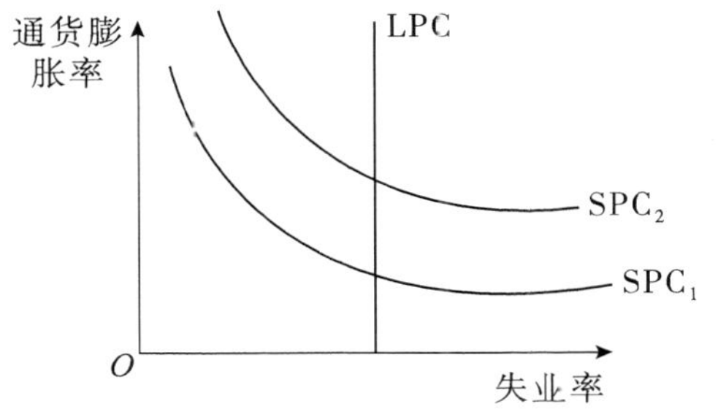

图 4—3　菲利普斯曲线

第三，当失业率为自然失业率时，通货膨胀率为零。因此可以把通货膨胀率为零时的失业率定义为自然失业率。

第四，由于失业率和通货膨胀率之间有着替代取舍关系，可以运用扩张性的宏观经济政策，用较高的通货膨胀率来换取较低的失业率，也可以运用紧缩性的宏观经济政策，以较高的失业率来换取较低的通货膨胀率。为宏观经济政策的选择提供理论依据。

第五章

第二次世界大战后资本主义国家通货膨胀的特点

第一节　第二次世界大战后主要资本主义国家通货膨胀持续发展

第二次世界大战后，各主要资本主义国家的通货膨胀持续发展，大致可以划分为四个阶段。

一、第一阶段：战后初期严重的通货膨胀阶段

第二次世界大战后，除了美国，各国的经济在经过战争的洗劫后无比衰弱，加上严重的通货膨胀（见表5—1）、物价上涨，人民生活处于水深火热之中。具体的情况在第四章已经描述，在这里不一一赘述。

表5—1　　1946—1950年主要资本主义国家的通货膨胀情况

国家	工业生产指数增长（%）	货币供应量增长（%）	批发物价上涨（%）
英国	33	6.5	51
美国	25.5	7.1	31
法国	63	232	234

续 表

国家	工业生产指数增长（%）	货币供应量增长（%）	批发物价上涨（%）
日本	153	349	1417
西德	85	26	—
意大利	152	128	70

资料来源：中国科学院经济研究所世界经济研究室．主要资本主义国家经济统计集（1948—1960）[M]. 北京：世界知识出版社，1962.

苏联世界经济与国际关系研究所，第二次世界大战后资本主义国家经济情况（统计汇编）[M]. 北京：世界知识出版社，1962.

注：西德数据为1948—1950年。

二、第二阶段：20世纪50—60年代缓慢发展的通货膨胀阶段

在此阶段，主要资本主义国家（日本除外）的工业生产基本上超过战前水平。具体的情况在第四章已经描述。在美国成为资本主义世界霸主的情况下，各主要资本主义国家的通货膨胀发展变得比战后初期缓和，许多国家货币供应量年均增加不超过12%，只有日本达到了20%。六国的消费物价上涨速度年平均增长1%～4%，远远低于战后初期的水平（见表5—2）。

表5—2　　1951—1975年主要资本主义国家通货膨胀情况　　单位：%

国别及指标		1951—1960年	1961—1970年	1971—1973年	1974年	1975年
美国	实际国民生产总值	3.2	4.1	5.0	−2.1	−3.0
	货币供应量	2.0	4.6	6.8	4.6	4.5
	消费物价指数	2.2	2.8	4.5	12.2	9.2

续 表

国别及指标		1951—1960年	1961—1970年	1971—1973年	1974年	1975年
英国	实际国民生产总值	2.7	2.8	3.7	−0.2	−2.5
	货币供应量	2.6[1]	4.3	20.2	10.8	20.8
	消费物价指数	4.1	4.0	8.6	19.5	24.2
西德	实际国民生产总值	8.0	4.9	3.7	0.4	−0.75
	货币供应量	11.2	7.9	8.9	12.3	1.5
	消费物价指数	1.2	2.9	5.8	5.9	5.9
法国	实际国民生产总值	4.5	5.8	5.9	3.9	−2.0
	货币供应量	11.8	8.7	9.8	14.9	12.4
	消费物价指数	4.2	3.6	9.1	15.2	11.8
日本	实际国民生产总值	7.3[2]	11.0	9.3	−1.8	1.25
	货币供应量	20.1	17.6	27.1	11.5	11.1
	消费物价指数	4.0	5.7	7.8	21.9	12.2
意大利	实际国民生产总值	5.3[3]	5.6	3.1	3.4	−3.7
	货币供应量	11.1	12.4	20.2	9.3	—
	消费物价指数	3.1	4.0	7.1	24.5	17.3

资料来源：《国际金融统计》相关各年。

注：①、②、③均为1955—1960年的数据。

三、第三阶段：20世纪70年代以后通货膨胀的急剧发展阶段

20世纪70年代以后，主要资本主义国家几乎同时陷入经济危机的深渊，发生严重的通货膨胀。各国政府为了刺激经济回升，极力推行凯恩斯主义的政策，使通货供应量大幅度上升。此时恰好美国停止了各国中央银行以美元

兑换黄金，以美元为中心的货币体系彻底崩溃，美元危机爆发频繁，欧洲美元泛滥成灾。各国政府为了维持本国货币平价，不得不使用本国货币大量购买美元，这更加剧了通货膨胀。因此，1974 年以后，通货膨胀如脱缰的野马，发展速度之快是战后罕见的（见表 5—3）。通货膨胀本身不是一件新鲜事，但就其广度和深度来说，目前的盘旋式上涨是独一无二的[①]。经过战后三十多年的时间，资本主义国家通货膨胀持续发展，其货币购买力急剧下降。尽管各国设法采取各种反通货膨胀的措施，也没能阻止通货膨胀的发展。具体的基本情况在第四章已经描述。

表 5—3　　20 世纪 70 年代资本主义国家通货膨胀发展情况　　单位:%

项目		1971 年	1972 年	1973 年	1974 年	1975 年
一般的资本主义国家	工业生产指数	2	6.8	11.8	1.7	−1.6
	货币供应量	13.0	12.6	14.2	10.3	11.7
	消费物价指数	5.9	5.9	9.6	15.1	13.4
发达的资本主义国家	工业生产指数	2	6.8	9.2	—	−5.9
	货币供应量	12.1	10.7	10.5	6.4	8.0
	消费物价指数	5.3	4.5	7.5	12.6	10.7
发展中国家	工业生产指数	7	8.4	10.3	4.7	0.8
	货币供应量	19.3	21.9	32.3	31.3	31.5
	消费物价指数	9.7	12.2	20.4	29.3	27.7

资料来源：《国际金融统计》，1975 年 6 月、7 月，1976 年 7 月。《联合国统计月报》，1975 年 8 月，1977 年 2 月。

四、第四阶段：20 世纪 80 年代以后通货膨胀不对称“马鞍”形发展阶段

20 世纪 70 年代中期，资本主义国家普遍进入“滞胀”时期，直到 1980

① 原文出自美国的《新闻周刊》，转引自中国香港的《经济导报》1974 年，第 6 期。

年，通货膨胀发展到不对称“马鞍”形的顶峰。1980 年资本主义国家通货膨胀率从 1979 年的 12.5％迅速升至 15.8％。与之相伴的是资本主义经济增长率的全面下降和失业率的上升。随着几个主要资本主义国家运用财政政策和货币政策对经济进行交叉和起伏式的调整，通货膨胀在 1981 年后出现了明显回落。而国民经济也在经历了两年的衰退后于 1983 年开始走出低谷，资本主义国家开始了长达 7 年的战后持续时期最长的经济稳定增长。到 20 世纪 80 年代中期，资本主义国家的通货膨胀率降到最低点，1986 年的通货膨胀率仅为 2.4％。由于经济的持续增长，在 20 世纪 80 年代末期，它再次呈现重新抬头的趋势，但仍然处于可控制的范围内，到 1989 年，美国等发达资本主义国家生产增长势头减弱，与此同时，通货膨胀率升至 4.4％。

第二节　战后主要资本主义国家通货膨胀的特点

在 20 世纪 70 年代中期，资本主义国家普遍经历了“滞胀”之后，20 世纪 80 年代初，发达资本主义国家共同面临着一种高通货膨胀的局面，1980 年，通货膨胀程度达到“马鞍”形的顶峰。在此阶段，资本主义国家通货膨胀具有以下特点。

一、通货膨胀发展的一致性

第二次世界大战后，由于资本主义国家政府所采取的经济政策、各国在国际关系中的地位及各自经济状况等不同，各国通货膨胀的程度也不相同。然而，在 1973—1979 年的 7 年间，英、法、日、美和西德五个主要资本主义国家通货膨胀水平十分接近，如表 5—4 所示，1979—1989 年，这五个国家的消费物价指数年平均增长率最高的国家与最低的国家之间的差距由以前的 10.9％ 减低至 5.3％（见表 5—5），差距在不断减小。

表 5—4　1973—1979 年英、法、日、美、西德消费物价指数年平均增长率

单位：%

英国	15.6
法国	10.7
日本	10.0
美国	8.5
西德	4.7

资料来源：《国际金融统计》，1975 年 6 月、7 月，1976 年 7 月。《联合国统计月报》，1975 年 8 月，1977 年 2 月。

表 5—5　1979—1989 年英、法、日、美、西德消费物价指数年平均增长率

单位：%

英国	7.9
法国	7.7
日本	6.1
美国	2.6
西德	3

资料来源：《国际金融统计》，1975 年 6 月、7 月，1976 年 7 月。《联合国统计月报》，1975 年 8 月，1977 年 2 月。

在此阶段，由于各国经济政策调整的一致性，各国通货膨胀出现相似的运行轨迹。当时，面对不同程度的“滞胀”，资本主义各国政府开始放弃凯恩斯需求理论，加快调整经济结构，以控制通货膨胀为主要目标，采取紧缩的财政政策。资本主义各国政府认为，凯恩斯主张的政府干预经济政策是造成财政赤字、引发通货膨胀和形成“滞胀”疾患的根源，因此，开始采取保守主义货币学派的经济政策对经济进行调控。第一，采取严格控制货币供应量的增长率的措施；第二，采取保持相对较高的银行利率水平措施；第三，采取控制政府财政开支和削减财政赤字的措施；第四，采取控制消费需求的增长速度措施；第五，采取降低劳工成本措施。表 5—4 数据显示，不论是在 20 世纪 70 年代中后期通货膨胀急剧发展的英、法、日等国，还是通货膨胀比较严重的美国，或是只存在轻度通货膨胀的西德，都受到通货膨胀率上涨的困扰。并且30年来通货膨胀率一直平稳在3%左右的西德也升高至4.7%。从1981年开始，资本主义各国的通货膨胀开始不约而同地大幅度回落，3年之后才基本趋于平缓。

二、在低通货膨胀下保持经济的持续稳定增长

20世纪80年代资本主义国家的低通货膨胀与持续稳定的低经济增长并行发展。1983年起，发达国家的经济走出低谷，开始了长达7年的持续增长（见表5—6）。

表5—6　1983—1989年美、德、日、英国内生产总值年增长率及其平均值

美国	国内生产总值年增长率	3%～7%
	国内生产总值年增长率平均值	4.3%
	高于20世纪70年代	2.4%
西德	国内生产总值年增长率	1.5%～4.5%
	国内生产总值年增长率平均值	2.6～6%
	高于20世纪70年代	2.3%
日本	国内生产总值年增长率	2.5%
	国内生产总值年增长率平均值	4.5%
	高于20世纪70年代	3.6%
英国	国内生产总值年增长率	1.8%～5.5%
	国内生产总值年增长率平均值	3.2%
	高于20世纪70年代	1.5%

资料来源：《国际金融统计》，1975年6月、7月，1976年7月。《联合国统计月报》，1975年8月，1977年2月。

历史上经济增长往往与高通货膨胀相伴而生，在经历了“滞胀”痛苦之后，资本主义国家意识到：通货膨胀是一种危险的甚至致命的“疾病”，如果不及时治理，会毁掉整个社会。经济健康、良好运转的前提是将通货膨胀控

制在一定范围之内，否则，通货膨胀失控、物价飞涨，经济就不能继续增长。因此，通货稳定是经济稳定的前提，当“滞胀”出现时，首先要采取措施控制住通货膨胀，如果等到通货膨胀迅猛发展起来再采取抑制通货膨胀的措施就为时已晚，会付出沉痛的经济代价。

在经历了“滞胀”痛苦之后，美国等资本主义国家面对严重的通货膨胀采取了紧缩银根、提高利率、控制货币供应量等一系列财政政策，结果并不理想，企业开工率严重不足，1982 年失业率增加，高达 10.7%。同时，其他资本主义工业国家出现了严重的衰退现象。一贯保持低通货膨胀率的西德也为货币政策的调整付出了巨大的代价，在 1982—1983 年失业率高达 8%。情况直到 1984 年以后才得到缓和。此后，许多国家采取了紧缩与宽松财政政策并行的调控手段，并多次采取减税措施刺激经济增长。

国际经济一体化背景下各国经济政策的协调，尤其是在货币和汇率政策上协调的加强以及“七国集团①”磋商制度的出现，都为此阶段资本主义发达国家保持稳定的经济增长提供了重要的帮助。

三、各国对通货膨胀的调控采取积极主动措施

众所周知，经济增长、充分就业、稳定物价和国际收支平衡是宏观经济政策的四大目标。而稳定物价既是宏观经济政策四大目标之一，也是货币政策的最终目标，要实现此目标并不容易。过去几十年，大多数资本主义国家一直依据凯恩斯主义理论，把宏观经济目标定在就业与经济增长方面，忽视了通货的稳定，致使大多数资本主义国家的中央银行被动地执行货币政策，已经发生的通货膨胀肆意发展，无法控制。此时，硬性采取紧缩措施，往往只能使经济衰退，使政府协调更加艰难。

20 世纪 80 年代以后，资本主义国家的经济政策已由事后被动控制转为事

① 成员国包括美国、英国、西德、法国、日本、意大利和加拿大。

先主动调节，并在方向上有了转变，各国先后将通货膨胀作为首要治理目标。中央银行也将控制货币供应、稳定通货作为首选，调控金融市场。货币政策成为调节整体经济的工具，从而达到经济增长与稳定物价的统一。

例如，在此阶段，美国除了确定未来一年的名义国民生产总值与实际国民生产总值的增长目标，根据这些总量目标讨论应采取的货币政策，确定货币供应量增长幅度和信贷规模的监控范围以外，还采取了贴现率、联邦基金市场利率的手段进行随时调整，灵活掌握，同时向市场表明自己的政策，以保证对经济的控制。西德主要依据预期的经济增长、主要产业的生产设备利用率变化、不可避免的国内物价上涨以及市场上的货币流通速度等指标发布对下一年度中央银行货币供应量的增长幅度。

总之，20 世纪 80 年代资本主义各国控制通货膨胀的措施主要是调控好市场货币流通量、货币供应量与银行贷款，只有如此，才能使现金、存款和各种票据形式的贷款与同期的货币供应量相吻合，反之，不是引起利率的上升，就是要靠财政赤字发行债券来弥补。因此，战后很长一段时期资本主义各国的中央银行都把利率作为中介目标。

第六章

通货膨胀理论模型

凯恩斯曾表示：要颠覆现存社会的基础，再没有比搞坏这个社会的货币更微妙且保险的方式了。这一过程引发了经济规律的破坏性一面中隐藏的全部力量，它是以一种无人能弄明白的方式做到这一点的。本书前几章的讨论可以验证，世界上所发生的恶性通货膨胀就是凯恩斯这一观点的突出例证。

在前几章中，我们对通货膨胀现象进行了定性研究，本章将在定性研究的基础上，概要地介绍几个模型，以定量的方式对通货膨胀问题进行深入研究。在讨论通货膨胀模型以前，为了更好理解求解过程，首先在第一节引入所得决定模型。

第一节　所得决定模型[①]

古典经济学派认为，失业的存在主要是因为货币工资率过高，如果货币工资率能够降低至相当水平，失业现象就会消失，解决失业问题的关键是降低工资。然而，降低了工资，失业现象是否就一定能够消除，这需要导入劳动市场观察结果。

各种市场供给的假定如下。

① K. C. Kogiku. 总体经济模型入门［M］. 徐义雄，译. 台北：台湾银行经济研究室，1977.

第一，厂商为使其利润最大化而随时调整生产量，其利润决定于收益与成本，两者均受物价与货币工资率的影响。

第二，金融当局将名义货币供给量定在某一固定的水平。

第三，前一部分假定在一定的货币工资率下劳动的供给为完全弹性；后一部分则假定在较高的工资率下，劳动的供给也较多。

第四，不考虑资本市场。将物价水平与工资率导入模型中，就会产生总需求与总供给为物价水平函数的概念，引用此类概念主要是因为个体经济学中市场供给与需求列表相似。由于将物价导入模型中须区别各种所得与支出流量的货币价值与真实价值。再假定现有的技术水平、劳动力与资本存量固定不变。

一、所得决定模型的几个要素

1. 商品市场

有关商品市场的方程式与以前相同，假定家庭就所得与消费的货币价值与真实价值，决定其所得多少用于消费，即，假定消费者彻底了解货币面钞而无货币幻觉，于是消费函数为：

$$C = C(Y, r) \tag{6.1.1}$$

基于相同的假定，投资函数为：

$$I = I(Y, r) \tag{6.1.2}$$

在均衡时：

$$Y = C + I \tag{6.1.3}$$

将式（6.1.1）与式（6.1.2）代入式（6.1.3）得：

$$Y - C(Y, r) = I(Y, r) \tag{6.1.4}$$

若以下式表示储蓄函数：

$$S = Y - C(Y,r) = S(Y,r) \tag{6.1.5}$$

则均衡条件可改写为

$$S(Y,r) = I(Y,r) \tag{6.1.6}$$

2. **货币市场**

如果每个人均预期现行的物价会维持在某一相同的水平，由一定的真实所得与利率所决定的现金需求额，与此物价水平成比例，均衡条件为：

$$P \cdot L(Y,r) = M \tag{6.1.7}$$

或：

$$L(Y,r) = \frac{M}{P} \tag{6.1.8}$$

式中 P 表示物价水平，$L(Y,r)$ 为实际货币余额的需求函数，式（6.1.8）中的 M/P 可称为实际货币供给量。

3. **生产函数**

在短期分析中可以不考虑资本存量的变动，劳动是唯一的生产要素，因此，生产量为就业量的函数：

$$Y=Y(N) \tag{6.1.9}$$

式中 N 表示就业量。此技术性方程式表示产出与投入间的技术性关系，称为生产函数。若劳动的就业量越大，生产量就越多。换言之，劳动的边际生产量为正：

$$Y'(N) > 0 \tag{6.1.10}$$

再有，每增雇一工人对总生产量的贡献，将随就业量的增加而降低，亦即劳动的边际生产量递减：

$$Y''(N) < 0 \tag{6.1.11}$$

4. 劳动市场

根据生产者理论，企业家为使其利润极大而增加雇用劳工，直至劳动投入（N）的净收益［$Y(N)-wN$］变动率等于零为止：

$$\frac{d}{dN}[Y(N)-wN]=0 \tag{6.1.12}$$

式中 w 表示实际工资率，将上式微分后得：

$$w=Y'(N) \tag{6.1.13}$$

即厂商对劳动的需求量（N）为劳动的边际生产力［$Y'(N)$］等于现行真实工资率（w）所决定的就业量。式（6.1.13）明白地显示在各种不同真实工资率中厂商对劳工的需求量，因此，式（6.1.13）可称为劳动的需求函数。

至于劳动市场的供给面，暂时假定货币工资率因制度性因素（如集体议价、最低工资法等）而为一固定的水平；在此货币工资率下，劳工在劳动市场所提供的劳务为完全弹性。若外生因素的货币工资率（W）与内生因素的物价水平（P）均为已知时，真实工资率为：

$$w=\frac{W}{P} \tag{6.1.14}$$

我们可将上式视为劳动的供给函数；由于货币工资率为一固定水平，假定上式中没有 N。

从劳动供给函数看，很显然此函数并不能保证在现行工资率下，每个愿意而又有能力工作的人均能获得就业；换言之，劳动的需求量 N 未必与劳动力 N_F 相同，两者之差额（N_F-N）即为失业量，它与劳动力之比率［（N_F-N）/ N_F］即为失业率。Y（N）表示实际的生产量，Y（N_F）表示充分就业下潜在的生产量，当前者小于后者时，两者之差额［$Y(N_F)-Y(N)$］可称为潜在生产差距。

由式（6.1.13）与式（6.1.14）可得劳动市场的均衡条件：

$$Y'(N) = \frac{W}{P} \tag{6.1.15}$$

5. **所得决定模型**

将上列各式集合一起即构成收入决定模型：

$$S\ (Y,\ r)\ = I\ (Y,\ r) \tag{6.1.6}$$

$$L(Y,r) = \frac{M}{P} \tag{6.1.8}$$

$$Y = Y(N) \tag{6.1.9}$$

$$Y'(N) = \frac{W}{P} \tag{6.1.15}$$

此一模型由四个方程式构成，含有四个内生变量（Y、N、P 与 r）及两个外生变量（M 与 W），此一模型为不可拆体系，各内生变量之均衡值必须同时决定（见表 6—1）。

表 6—1　　四个方程式

方程式	内生变量			
	Y	r	P	N
(6.1.6)	1	1	0	0
(6.1.8)	1	1	1	0
(6.1.9)	1	0	0	1
(6.1.15)	0	0	1	1

为考虑各函数变动的效果，将上列各式放入变动参数：

$$S(Y,r) + \alpha = I(Y,r) + \beta \tag{6.1.16}$$

$$L(Y,r) + \tau = \frac{M}{P} \tag{6.1.17}$$

$$Y = Y(N) + \varepsilon \tag{6.1.18}$$

$$Y'(N) = \frac{W}{P} \tag{6.1.15}$$

式中 ε 表示生产函数中的变动参数，α,β 与 τ 的意义分别是：α 表示外生因素所决定的储蓄；β 表示受其他外在因素影响的部分；τ 表示现金需求额，仅将上列各式微分并整理得：

$$(S_Y - I_Y)dY + (S_r - I_r)dr = d\beta - d\alpha \tag{6.1.19}$$

$$L_Y dY + L_r dr + \frac{M}{P^2}dP = \frac{dM}{P} - d\tau \tag{6.1.20}$$

$$dY - Y'(N)dN = d\varepsilon \tag{6.1.21}$$

$$Y''(N)dN + \frac{W}{P^2}dP = \frac{dW}{P} \tag{6.1.22}$$

上列各式内生变量微分的方程式体系也能够以矩阵表示：

$$\begin{bmatrix} S_r - I_r & S_r - I_r & 0 & 0 \\ L_r & L_r & 0 & \frac{M}{P^2} \\ 1 & 0 & Y'(N) & 0 \\ 0 & 0 & Y''(N) & \frac{W}{P^2} \end{bmatrix} \begin{bmatrix} dY \\ dr \\ dN \\ dP \end{bmatrix} = \begin{bmatrix} d\beta - d\alpha \\ \frac{dM}{P} - d\tau \\ d\varepsilon \\ \frac{dW}{P} \end{bmatrix} \tag{6.1.23}$$

利用克莱姆法则可解上列联立方程式，每一内生变量（dY、dr、dN 与 dP）得以外生变量与参数（dM、dW、$d\alpha$、$d\beta$、$d\tau$ 与 $d\varepsilon$ ）表示。

6. **降低工资与就业**

要求降低一般工资对就业的效果，就式（6.1.23）求解以 dW 表示 dN，同时将上式右边向量中的货币供给量与储蓄、投资、流动性偏好与生产函数均维持不变，而令 $dM = d\alpha = d\beta = d\tau = d\varepsilon = 0$ 即可。试以 Δ 表示式（6.1.23）中的系数矩阵，Δ_3 表示系数矩阵中第三行以右边向量代替，则得：

$$\Delta = -(S_Y - I_Y)Y'(N)L_r\frac{W}{P^2} + (S_r - I_r)\left[L_Y Y'(N)\frac{W}{P^2} - Y''(N)\frac{M}{P^2}\right] \tag{6.1.24}$$

$$\Delta_3 = -(S_r - I_r)\frac{M}{P^2} - \frac{dW}{P} \tag{6.1.25}$$

$$dN = \frac{\Delta_3}{\Delta} \tag{6.1.26}$$[1]

因此
$$\frac{\partial N}{\partial W} = \frac{-(S_r - I_r)\frac{M}{P^2}\cdot\frac{1}{P}}{\Delta} \tag{6.1.27}$$

由于前述假定 $S_Y - I_Y > 0$，$Y'(N) > 0$，$L_r < 0$，

$$L_Y > 0, Y''(N) < 0, S_r - I_r > 0$$

因此式（6.1.27）的分子为负，分母为正，其比值为负，亦即降低一般工资可以增加就业量。

进一步观察式（6.1.27），其符号最主要须看（$S_r - I_r$）一项而定。如果厂商对投资财政的需求，对利率的变动并无反应，一般经济萧条情况下（$I_r=0$）；家庭对消费财政的需求也同样，即 $C_r=0$ 又即 $S_r = 0$。在此情况

---

① 就式（6.1.23）系数矩阵中第一列展开，可求得 Δ：

$$\Delta = (S_Y - I_Y)\begin{bmatrix} L_r & 0 & \frac{M}{P^2} \\ 0 & -Y'(N) & 0 \\ 0 & Y''(N) & \frac{W}{P^2} \end{bmatrix} - (S_r - I_r)\begin{bmatrix} L_Y & 0 & \frac{M}{P^2} \\ 1 & -Y'(N) & 0 \\ 0 & Y''(N) & \frac{W}{P^2} \end{bmatrix}$$

上式中许多元素均为零，因此，很容易以 3×3 行列式的展开求值。

再者，Δ_3 为：

$$\begin{bmatrix} S_Y - I_Y & S_r - I_r & 0 & 0 \\ L_Y & L_r & 0 & \frac{M}{P^2} \\ 1 & 0 & 0 & 0 \\ 0 & 0 & \frac{dW}{P} & \frac{W}{P^2} \end{bmatrix}$$

自上列矩阵的第三行即可迅速地展开，得：

$$\Delta_3 = -\frac{dW}{P}\begin{bmatrix} S_Y - I_Y & S_r - I_r & 0 \\ L_Y & I_r & \frac{M}{P^2} \\ 1 & 0 & 0 \end{bmatrix}$$

下，式（6.1.27）变为零，因此货币工资率的降低并不能增加就业量。若 S_r 为零而 I_r 为负，则降低工资仍然可以增加就业，产生此种效果的原因是利率的变动使投资变化所致[①]。

如果利率在某一相当低的水平时，社会对休闲现金的需求，对利率的变动反应变为完全弹性，即 $L_r \to -\infty$，即 $\Delta \to \infty$，因此式（6.1.27）趋近于零，即降低工资并不能增加就业。

二、总需求与总供给模型

1. 总需求函数

式（6.1.16）与式（6.1.17）构成两方程式的部分体系，其中有三个内生变量 Y、r 与 P，根据总体经济方程式，可将这部分体系缩减为一方程式及两个变量 Y 与 P，这个方程式可当作总需求函数，表示各种不同物价水平下对商品需求的数量。为求总需求与外生变量及参数变动间的关系，可就式（6.1.19）及式（6.1.20）处理，而将 Y 与 r 视为内生变量，将 P 视为外生变量：

$$(S_Y - I_Y)dY + (S_r - I_r)dr = d\beta - d\alpha \tag{6.1.19}$$

$$L_Y dY + L_r d_r = \frac{PdM - MdP}{P^2} - d\tau \tag{6.1.28}$$

利用克莱姆法则以行列式求 dY 与 dr：

$$dY = \frac{L_r(d\beta - d\alpha) - (S_r - I_r)[(PdM - MdP)/(P)^2 - d\tau)]}{\Delta} \tag{6.1.29}$$

$$dr = \frac{(S_Y - I_Y)[(PdM - MdP)/(P^2 - d\tau)] - L_Y(d\beta - d\alpha)}{\Delta} \tag{6.1.30}$$

---

① 见凯恩斯（1936，p. 263）此种效果被称为凯恩斯效果（Keynes Effect）。

式中：

$$\Delta=(S_Y-I_Y)L_r-(S_r-I_r)L_Y \tag{6.1.31}$$

根据总体经济方程式的假定，Δ 为负，因此收入对物价水平的变动率为：

$$\frac{\partial Y}{\partial P}=\frac{(S_r-I_r)(M/P^2)}{\Delta} \tag{6.1.32}$$

其值为负，即在较高的物价水平下，总需求将减少。

物价水平与收入之间的关系即总需求函数，用坐标图来表示，则以纵轴表示物价水平，横轴表示收入。由于式（6.1.32）为负，总需求函数自左上角至右下角倾斜，如图 6—1 所示。

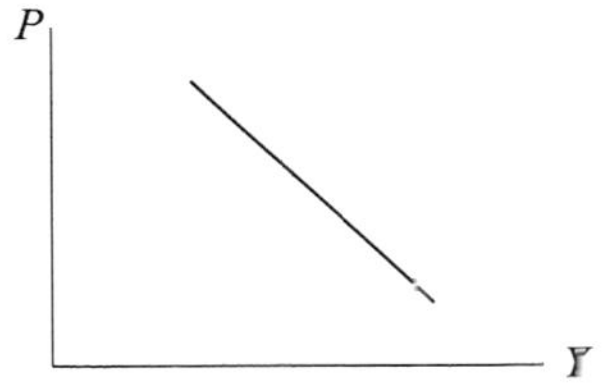

图 6—1　总需求函数

自式（6.1.29）得：

$$\frac{\partial Y}{\partial \alpha}=-\frac{L_r}{\Delta}<0 \tag{6.1.32a}$$

$$\frac{\partial Y}{\partial \beta}=\frac{L_r}{\Delta}>0 \tag{6.1.32b}$$

$$\frac{\partial Y}{\partial \tau}=\frac{S_r-I_r}{\Delta}<0 \tag{6.1.32c}$$

$$\frac{\partial Y}{\partial M}=\frac{-(S_r-I_r)/P}{\Delta}>0 \tag{6.1.32d}$$

由上列各式观察，若储蓄函数下移、投资函数右移、流动性偏好函数左移或货币供给量增加将使总需求函数向右移动。

2. **总供给函数**

式（6.1.18）与式（6.1.15）两方程中有三个内生变量 Y、N 与 P，两方程式也可缩减为一方程式而包括两个内生变量，我们将此新方程式当作总供给函数说明不同物价水平下各种商品的总供给量。为求总供给量与参数及外生变量间变动的关系，可将式（6.1.21）与式（6.1.22）中 Y 与 N 视为内生变量、P 与 W 视为外生变量：

$$dY - Y'(N)dN = d\varepsilon \tag{6.1.33}$$

$$Y''(N)dN = \frac{PdW - WdP}{P^2} \tag{6.1.34}$$

由式（6.1.34）可得 dN，然后再将其代入式（6.1.33）可得 dY：

$$dN = \frac{PdM - WdP}{Y''(N)\,P^2} \tag{6.1.35}$$

$$dY = \frac{Y''(N)\,d\varepsilon + Y'(N)(PdW - WdP)(1\ /\ P^2)}{Y''(N)} \tag{6.1.36}$$

于是自式（6.1.36），可求得生产量对物价水平的变动率：

$$\frac{dY}{dP} = \frac{-Y'(N)}{Y''(N)} \cdot \frac{W}{P^2} > 0 \tag{6.1.37}$$

即物价水平越高，商品的供给量越多，总供给函数自左下角向右上角倾斜，如图 6—2 所示。

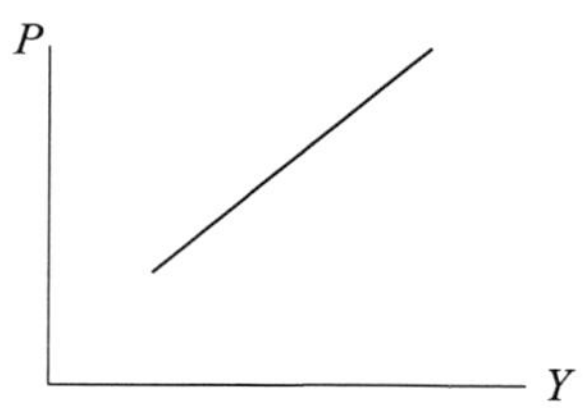

图 6—2 总供给函数

关于所得对其他变数的偏导函数，也以同法自式（6.1.36）求之：

$$\frac{\partial Y}{\partial W} = \frac{Y'(N)}{Y''(N)} \cdot \frac{1}{P} < 0 \tag{6.1.38}$$

$$\frac{\partial Y}{\partial \epsilon} = 1 > 0 \tag{6.1.39}$$

也即货币工资率提高，将使总供给函数向左移；而劳动生产力提高，将使其向右移。

三、古典学派充分就业均衡模型

在就业利息与货币的一般理论中，凯恩斯根据其假定而认为总需求（即商品市场与货币市场达到均衡情况所决定的生产水平）下所需的就业量，可能少于现行工资率下愿意就业的劳工人数；但古典学派经济学家认为不可能发生此种失衡的现象。为比较古典学派与凯恩斯学派的模型，以七个内生变量（V、Y、N、r、P、W 与 w）的七个方程式建立模型，其中 V 为货币所得，M 为模型中的外生变量。

最简单的古典学派模型，用以下方程式表示：

$$S(r) = I(r) \quad S' > 0 \quad I' < 0 \tag{6.1.40}$$

$$kY = \frac{M}{P} \quad k > 0 \tag{6.1.41}$$

$$Y = Y(N) \quad Y' > 0 \quad Y'' < 0 \tag{6.1.9}$$

$$w = Y'(N) \tag{6.1.13}$$

$$N = N(w) \quad N' > 0 \tag{6.1.42}$$

$$V \equiv PY \tag{6.1.43}$$

$$W = Pw \tag{6.1.44}$$

1. 商品市场

式（6.1.40）显示商品市场的均衡条件，是一个新的概念，因为式中说明储蓄与投资流量两者仅为利率的函数，且储蓄与投资的相等关系是以单独透过利率的调整而达成。式（6.1.40）实际上是决定利率的可贷资金说的另一种形式，后者认为利率决定于可贷资金的供给与需要相互作用的结果。

2. **货币市场**

式（6.1.41）显示货币市场的均衡条件，为一新概念，真实现金余额的需求仅为实际收入的函数，而前者对后者的比率为一常数 k ，此方程式为货币数量理论形式之一。式（6.1.41）亦可写为 $M=kPY$ ，即货币需求额为一常数 k 与货币所得的乘积。此一方程式称为剑桥方程式。货币数量理论的另一形式为 $MV\equiv PY$ ，此即费雪的交易方程式，式中 V 为流通速度，即所得期间货币流转的次数，因此 V 相当于 $1/k$ 。

式（6.1.41）须与一般所称的所得的数量理论之间进行明白区别，因后者 M 的增加与 Y 的扩充之间有一可预测的方法，特别强调货币供给量为所得的决定因素。式（6.41）说明所得决定的所得—支出理论中货币市场的均衡条件，该理论特别强调支出的动机，例如消费函数或投资函数[①]。

3. **生产函数**

式（6.1.9）说明整个经济全体的生产函数，此式并无新奇之处。它的第一次、第二次导函数的符号主要反映劳动投入的报酬递减。

4. **劳动市场**

式（6.1.13）说明劳动投入的需求。如前所述，企业家追求最大利润的假定，其意指在均衡情况下，劳动需求量等于劳动边际生产量，由现行工资率所决定着。另外，式（6.1.42）为一新的方程式，说明劳动的供给，指出劳动市场中劳动的供给量为真实工资率的递增函数。其中，式（6.1.43）与式（6.1.44）分别为货币所得及货币工资率的定义式。

5. **两分法与中立性**

就表6—2看，此模型为接续体系，其接续序很清晰。由式（6.1.40）构成的零阶次体系决定利率；另一零阶次体系由式（6.1.13）与式（6.1.42）构成，决定两未知数 w 与 N ；然后将 N 值代入式（6.1.9）的一阶次体系决定生产水

---

① 举例见弗里德曼（1956）。

平 Y，式（6.1.41）的二阶次体系决定物价水平；式（6.1.43）的三阶次体系决定生产量的货币价值（即货币所得）；另一三阶次体系式（6.1.44）决定货币工资率。

表 6—2　　　　　　　　模型（一）

方程式	内生变量							接续序
	r	w	N	Y	P	V	W	
（6.1.40）	1	0	0	0	0	0	0	0
（6.1.13）	0	1	1	0	0	0	0	0
（6.1.42）	0	1	1	0	0	0	0	
（6.1.9）	0	0	1	1	0	0	0	1
（6.1.41）	0	0	0	1	1	0	0	2
（6.1.43）	0	0	0	1	1	1	0	3
（6.1.44）	0	1	0	0	1	0	1	3

根据上述可知，所有的真实变量决定于式（6.1.9）、式（6.1.13）与式（6.1.42）构成的零阶次体系，用以说明劳动市场与生产函数；绝对价格水平则决定于有关货币市场的式（6.1.41）。换言之，所有真实变量决定于整个模型中的一部分，物价水平及涉及货币价值的变量决定于模型中的另一部分，两者完全独立无关。此种现象即模型的两分法。由此可知模型中的真实变量决定于式（6.1.9）、式（6.1.13）及式（6.1.42），与货币数量的变动无关，此种货币数量对决定真实变量值无关的现象称为货币的中立性。

上述模型的解的前提是充分就业情况，依照现行工资率愿意工作的人均能获得就业，之所以如此，主要是因为就业量决定于劳动供给曲线式（6.1.42）与劳动需求曲线式（6.1.13）的交点，前者为真实工资率的递增函数，后者为真实工资率的递减函数。

在上述模型中，总需求曲线仅可得自式（6.1.41），即在较低物价水平下，有较高的 Y 值，因此总需求曲线自左上角向右下角倾斜。至于总供给曲线可得自式（6.1.9）、式（6.1.13）及式（6.1.42），其中变数 P 并不出线，因此 Y 的决定与 P 无关，总供给曲线为一垂直线，如图 6—3 所示。

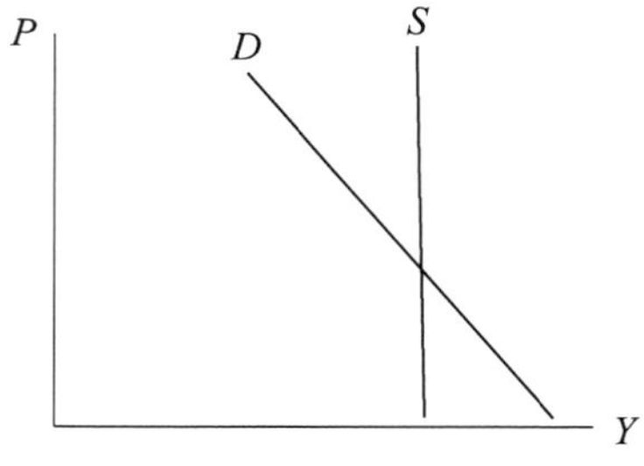

图 6—3　总供给曲线

式（6.1.40）与式（6.1.41）可改写为：

$$S(Y,r) = I(Y,r) \quad (6.1.40')$$

$$L(Y,r) = \frac{M}{P} \quad (6.1.41')$$

则此模型的解，也如前述，可从表 6—3 依序求出。

表 6—3　模型（二）

方程式	内生变量							接续序
	w	N	Y	r	P	V	W	
(6.1.13)	1	1	0	0	0	0	0	0
(6.1.42)	1	1	0	0	0	0	0	0
(6.1.9)	0	1	1	0	0	0	0	1
(6.1.40′)	0	0	1	1	0	0	0	2
(6.1.41′)	0	0	1	1	1	0	0	3
(6.1.43)	0	0	1	0	1	1	0	4
(6.1.44)	1	0	0	0	1	0	1	4

古典学派的经济学家并未先求总需求曲线，因为他们认为不管物价水平如何，供给创造本身的需要，此种说法即赛伊法则①，此法则可自下列方式导得：人们出售商品，原因为他们想购买其他商品，他们接受货币仅为支用于其他商品，商品的供给本身常伴随对其他商品相同数量的需求，因此供给创造本身的需求。

有一类似的命题，即不可能发生全面性生产过剩现象，如果赛伊法则的恒等关系存在，某些商品可能发生生产过剩，但必有过剩商品供给者想购买的商品发生生产不足的现象，因此没有全面性的生产过剩。

利用一般均衡分析（即华拉斯法则）的恒等关系说明上述现象。仅以 $\overline{X_{ij}}$ 表示第 i 个人最初保有的 j 商品，X_{ij} 则为第 i 个人对 j 商品的需求；假定共有 n 个人 m 种商品；而第 m 种商品为货币，为计价的标准，其价格 P_m 为一；P_j 为其他商品的价格，即 $j=1,\cdots,m-1$ 。当价格一定时，每个人对商品之需求受制于预算方程式：

$$\sum_{j=1}^{m} P_j X_{ij} = \sum_{j=1}^{m} P_j \overline{X_{ij}} \qquad i=1,\cdots,n \tag{6.1.45}$$

如果将 i 值逐一列出即可得 n 个方程式，在每一组价格下均可得下列的恒等关系：

$$\sum_{j=1}^{m} P_j (\sum_{i=1}^{n} X_{ij} - \sum_{i=1}^{n}) \overline{X_{ij}} \equiv 0 \tag{6.1.46}$$

上式括弧内所表示者为对 j 种商品的超额需求，以 x_j 表示：

$$\sum_{j=1}^{m} P_j x_j \equiv 0 \tag{6.1.47}$$

式（6.1.46）说明所有超额需求值的和为零，这就是华拉斯法则。自式（6.1.46）可知：如果已知第 m 种以外所有商品的超额需求，则可求得第 m

① 见兰戈（1942）。

种商品（货币）的超额需求。

关于古典学派对人们接受货币仅用于其他商品的假定，相当于假定对货币的超额需求：

$$x_m \equiv 0 \tag{6.1.48}$$

因此自式（6.1.47）与式（6.1.48），可得赛伊恒等式：

$$\sum_{j=1}^{m-1} P_j x_j \equiv 0 \tag{6.1.49}$$

式（6.1.49）说明对（$m-1$）种商品的超额需求的和为零，由此商品的供给通常即产生对商品相同数额的需求。

四、凯恩斯学派未充分就业均衡模型

1. 具体模型

凯恩斯学派模型用下列各式表示：

$$S(Y) = I \quad 0 < S' < 1 \tag{6.1.50}$$

$$L(Y, r) = \frac{M}{P} \tag{6.1.51}$$

$$Y = Y(N) \tag{6.1.9}$$

$$w = Y'(N) \tag{6.1.13}$$

$$N = N(w) \tag{6.1.42}$$

$$V \equiv PY \tag{6.1.43}$$

$$W \equiv Pw \tag{6.1.44}$$

此模型也包括七个内生变量（Y, r, N, w, P, V 与 W），但只有两个外生变量（I 与 M）。

式（6.1.50）说明商品市场的均衡，储蓄为实际收入的函数，在均衡情况时，储蓄必等于自发性投资。凯恩斯认为消费主要受收入水平的影响而不是利率；在经济萧条时的投资大部分为自发性变数，受预期等因素的影响[①]。式（6.1.51）说明货币市场的均衡条件，现金余额需求为所得与利率函数。其余各式与上述古典学派模型相同。

各内生变量在各方程式之间的分配如下：式（6.1.50）构成一个零阶的自足次体系，式（6.1.9）、式（6.1.13）与式（6.1.42）也相同。只有在巧合的情况下，由前一次体系所决定的 Y 值可能与后一次体系所求得者相同，即自式（6.1.50）至式（6.1.44）未必前后一致。换言之，由商品市场均衡所决定的均衡收入水平，未必与生产函数及劳动市场均衡所决定的均衡收入水平相同。从就业观点来说，由式（6.1.50）与式（6.1.9）所决定的就业水平未必与式（6.1.13）及式（6.1.42）所决定的相同，因此商品市场均衡未必即是充分就业（见表6—4）。

表6—4　　模型（三）

方程式	内生变量			接续序
	Y	N	w	
（6.1.50）	1	0	0	0
（6.1.9）	1	1	0	0
（6.1.13）	0	1	1	
（6.1.42）	0	1	1	

在上述模型中，由式（6.1.50）决定总需求曲线，其中并未包括物价水平 P，因此其形状为一垂直线。另外，由式（6.1.9）、式（6.1.13）与式（6.1.42）所决定的总供给曲线也无物价水平 P，即供给曲线也为一垂直线，两垂直线是否重叠并无确切关系存在。此种情况如图6—4所示。

① 见凯恩斯（1936，chap.8，12）。

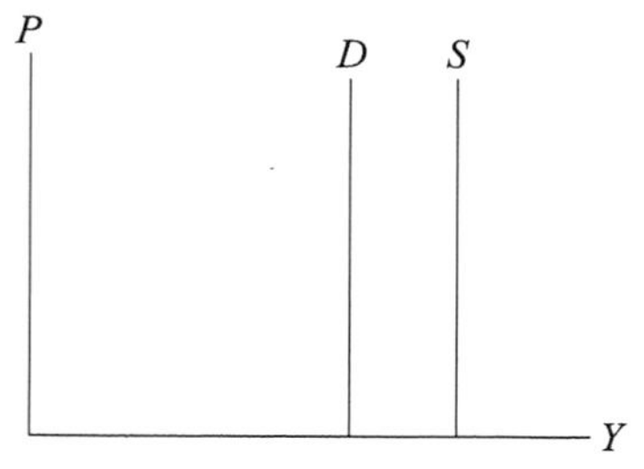

图 6—4　函数

如果上述模型中，储蓄函数、投资函数与流动性偏好函数均以比较一般化的形式代替：

$$S(Y,r)=I(Y,r) \tag{6.1.6}$$

$$L(Y,r)=\frac{M}{P} \tag{6.1.51}$$

则所建立的新模型可能避免前述的矛盾情形，因为透过利率的变动，可使式（6.1.9）、式（6.1.13）与式（6.1.42）所决定充分就业下所得水平的储蓄等于投资，但此时储蓄虽等于投资而利率未必为正。流动性偏好函数在低利率水平下变为完全弹性时，利率的变动会使充分就业下投资等于储蓄的功能将大受限制。

2. **古典学派之答辩：庇古效果**

关于凯恩斯对古典学派模型的批评，庇古所提的答辩称为庇古效果。庇古认为消费与流动资产的真实价值成正比，降低工资可能透过物价下跌而使流动资产的真实价值增加，进而使消费函数上移，即有关函数可改写为：

$$S\left(Y,\frac{M}{P}\right)=I \qquad S_Y>0 \qquad S_{M/P}<0 \tag{6.1.52}$$

$$L(Y,r)=\frac{M}{P} \qquad L_Y>0 \qquad L_r<0 \tag{6.1.51}$$

在上述总需求模型中，Y 与 r 为内生变量，而 M、P 与 I 为外生变量，于是 Y 与 P 之间的关系仅就式（6.1.52）即可决定。就式（6.1.52）全微分得：

$$S_Y dY + S_{M/P}\frac{PdM - MdP}{P^2} = dI \qquad (6.1.53)$$

即：

$$\frac{\partial Y}{\partial P} = \frac{S_{M/P}}{S_Y} \qquad \frac{M}{P^2} < 0 \qquad (6.1.54)$$

因此，总需求曲线自左上角向右下角倾斜，而非如上述凯恩斯学派模型的垂直线。

简而言之，凯恩斯集中注意于所得与生产流量，庇古则以流动资产存量作为调整机能以产生一均衡模型①。

五、小结

关于决定物价水平与所得模型的建立，不仅须考虑商品市场与货币市场，同时须考虑劳动市场。在此模型中，商品市场的均衡条件为储蓄等于投资，货币市场的均衡条件为真实现金余额的需求量等于真实货币供给量，而后者包括物价水平在内。

此外，此一模型包括生产函数、劳动需求函数与其供给函数。生产函数说明生产量与劳动投入之间的技术性关系；劳动需求函数则说明劳工就业量可扩充至其边际生产量等于真实工资率为止；劳动供给函数则说明在制度性因素所决定的货币工资率已知，且真实工资率一定的情况下，劳动市场中劳动供给具有弹性。

根据有关模型的假定，显示降低工资可以增加就业；但如果储蓄与投资

---

① 庇古效果见庇古（1943）与帕廷金（1948），是关于物价变动不大时的效果，常为实证研究的课题，其中部分见帕廷金（1965）。在具体模型部分讨论均衡的存在时，凯恩斯认为即使降低工资，解决失业问题可能无效：a. 当工资降低而发生所得重分配时可能有利于储蓄倾向较高者，见凯恩斯（1936）；b. 所得重分配时可能增加厂商的真实负债进而减少投资，见凯恩斯（1936）；c. 若厂商预期工资可能继续下降时将延缓增加就业，同理，消费者预期物价将连续下跌时亦可能不增加消费，见凯恩斯（1936）。前述静态模型可予以扩大而包括上述各点的方程式。至于本章分析的方法，见莫迪里阿尼（1944 和 1963）、布朗利（1950）与马尔沙克（1951）。

函数完全不具利率弹性，或利率水平低时，流动性偏好函数的利率弹性无穷大，则降低工资不能让就业量增加。

上述模型可划分为两体系。其中之一包括商品市场与货币市场的均衡条件，用以决定总需求，即说明在各种不同物价水平下所需的生产量。另一则包括生产函数及劳动的供给与需求函数，用以决定总供给，即说明在各种不同物价水平下所供给的生产量。并可分别求得外生变量与参数变动所引起总需求函数与总供给函数的变动。

在古典学派充分就业均衡模型中，所有的真实变量（真实工资率、就业量、真实生产量）仅决定于生产函数与劳动市场。在这个模型中不可能出现非自愿性失业。根据凯恩斯学派的假定所建立的模型，则可能出现非自愿性失业，就理论而言，若有庇古效果，则此种失业现象将自然消失，所谓庇古效果即消费与流动资产的真实价值成正比。

第二节　通货膨胀模型①

第二次世界大战以后，在对经济萧条与大量失业的恐慌逐渐消失之际，混合经济体制又面临着物价长期上涨——通货膨胀的威胁②。于是出现了市场导向经济能否同时达到充分就业与物价安定两项目标和货币政策或财政政策等总体政策能否避免通货膨胀的发生等问题。本节将围绕这些问题进行介绍。上节所介绍的收入决定模型，可用以分析两类标准的通货膨胀模型。本节首先介绍纯需求通货膨胀与纯供给通货膨胀模型，然后介绍综合两类通货膨胀的模型，最后对整个经济中多种商品的模型进行介绍③。

---

① K. C. Kogiku. 总体经济模型入门［M］. 徐义雄，译.［出版地、出版机构不详、出版年份不详］.

② 关于社会主义经济的通货膨胀见霍洛兹曼（1960）。

③ 关于一般性研究见霍洛兹曼（1963）。

一、纯需求通货膨胀模型

假定自左下角向右上角倾斜的总供给函数固定不变，当总需求函数向右移时，结果如图 6—5（a），可清楚地看出物价水平将上升。如果总供给函数较陡，则生产量的增加将较少，而物价水平的上涨较剧烈，此类通货膨胀称为需求通货膨胀。

当一经济接近充分就业时，总供给曲线将急剧上升，即就业量接近劳动力的数量。由于报酬递减规律，当就业量连续增加而资本存量固定时，劳动的边际生产力越来越小，则如上所述，商品的供给量与物价水平之间的关系如下：

$$\frac{\partial Y}{\partial P}=\frac{-Y'(N)W}{Y''(N)P^{2}}>0 \tag{6.2.1}$$

如果 $Y(N)$ 接近于零而 $Y''(N)$ 仍为负值，则 $\partial Y / \partial P$ 也将接近于零，即总供给函数的图形为一垂直线，总供给量对物价水平的变动不再具有弹性。

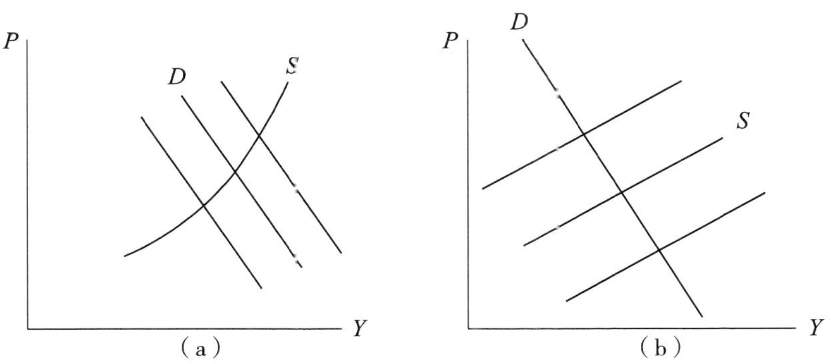

图 6—5　总需求函数

如前文所讨论，若干外生变量的变动可使总需求函数向右移，例如，货币供给量增加，储蓄函数下移或消费函数上移，投资函数右移及流动性偏好函数左移。

如果一模型包括政府部门在内，政府支出的增加或租税收入的减少也可使总需求函数右移。其原因可由下列推论而得，即将政府支出看为自发性消费或投资的增加，即 α 的减少或 β 的增加而使总需求函数右移。另外，α 的减少也可表示租税收入的减少，与政府支出的增加一样。

由于总需求函数的变动为此类通货膨胀的主要原因，任何避免总需求函数变动的措施即为应对通货膨胀政策。

二、纯供给通货膨胀模型

假定自左上角向右下角倾斜的总需求函数固定，若总供给曲线逐渐向左上方移动，则物价水平即将逐渐上涨，如图 6—5（b）所示，此类通货膨胀称为纯供给通货膨胀。

前文已讨论两个外生变量可使总供给函数向左上方移动，其中之一为货币工资率上升，另一个则为劳动生产力降低。货币工资率上升可能因各种制度性因素，如工会的工资压力与最低工资法等，而劳工生产力的降低可能是强迫雇用的结果。

如果真实工资率的上升与劳工平均生产力的提高维持同一比率，则工资占总所得的比重不变，工资比重如果以固定价值表示为：

$$\frac{wN}{Y}=\frac{w}{Y\ /\ N} \tag{6.2.2}$$

即真实工资率 w 以平均劳动生产力相同比例增加，则工资比重不变。由于 $w=\dfrac{W}{P}$，货币工资率对物价水平的相对水平须与平均劳工生产力作相同比率增加。

为阻止纯供给通货膨胀，须实施管制工资或采取提高劳动生产力措施，但此类应对通货膨胀措施不易实施。在当前的资本主义社会中，主要产业的价格一般称为管理价格，由卖方在类似独占的情况下决定，而工资率则由劳资双方以集体议价方式决定。在此种情况下，物价与工资将缓慢上升。除了经济萧条，供给通货膨胀也构成了其他严重的问题。

三、菲利普斯曲线

在讨论通货膨胀时，往往以比较静态分析总需求函数与总供给函数的独立变动，但总供给可能受总需求变动而变化，此种交互作用或许有时差，因此，必须以动态分析。

从实证或先验的推理，迫使工资上涨的压力越大，总需求越强，因而失业率也越低。考虑总需求与总供给交互作用的动态模型得下列各式：

$$S(Y_t) = I(Y_t) \qquad (6.2.3)$$

$$L(Y_t, r_t) = \frac{M_t}{P_t} \qquad (6.2.4)$$

$$Y_t = Y(N_t) \qquad (6.2.5)$$

$$w_t = Y'(N_t) \qquad (6.2.6)$$

$$w = \frac{W_t}{P_t} \qquad (6.2.7)$$

$$\frac{W_t - W_{t-1}}{W_{t-1}} = f\left(\frac{N_F - N_{t-1}}{N_F}\right) \quad f(0) > 0 \quad f' < 0 \qquad (6.2.8)$$

上述的前五个方程式与上节所得决定模型相同；当 N_F 表示的劳动力维持不变时，式（6.2.8）说明货币工资的增加率在充分就业时为正，且为失业率的递减函数。

此模型共有六个方程式六个联合自变量（Y_t、r_t、P_t、N_t、w_t 与 W_t），其中只有式（6.2.8）构成一自足次体系，其余五式则为一阶完全次体系。式（6.2.8）与先决变数 N_r、N_{t-1} 与 W_{t-1}，可决定当期的货币工资率 W_t，然后可与其他五式决定就业量 N_t，之后决定当期的失业、下一期货币工资率与失业，此种步骤可在下一期重复。若式（6.2.8）的工资率的增加率为正，则总供给函数逐期向左移而使物价不断上涨。工资上涨与失业间关系的实证研究，来自式（6.2.8）中的假设，此种关系以图形表示称为菲利普斯曲线[①]。

① 见菲利普斯（1958）与萨缪尔森和索罗（1960）。

在上述情况下，除非实施紧缩性财政与货币政策产生高失业率，否则无法达到物价稳定。但高失业率并不能被社会所容忍。因此，整个社会在通货膨胀速度与失业率不同的组合之间不断进行选择。

四、多部门通货膨胀模型

前一节已讨论一种商品的模型。现在我们讨论多种商品模型中通货膨胀的可能性。华拉斯法则说明如果已知某一商品以外所有其他商品的超额需求，即可求出此一商品的超额需求，将式（6.1.47）重写如下：

$$\sum_{j=1}^{m-1} P_j x_j \equiv -P_m x_m \tag{6.2.9}$$

式中：

P_j = 第 j 种商品之价格；

$x_j = x_j^d - x_j^2$；

选定第 m 种商品为货币，其价格 $P_m = 1$，则式（6.1.47）的右边可写为：

$$-P_m x_m = x_m \tag{6.2.10}$$

式（6.2.10）说明货币的超额供给，式（6.2.11）说明对商品超额需求的和等于货币的超额供给：

$$\sum_{j=1}^{m-1} P_j x_j \equiv -x_m \tag{6.2.11}$$

如果对商品超额需求的和即为总超额需求，其值为零（或正或负），则货币的超额供给（$-x_m$）亦为零（或正或负）。

假定某一商品的价格变动率为 $\Delta P_j / P_j$，与对其超额需求的相对数量（x_j / q_j）成比例：

$$\Delta P_j = k_j P_j \, (x_j / q_j) \qquad k_j > 0 \tag{6.2.12}$$

式中：

P_j = 最初价格；

x_j = 超额需求；

q_j = 均衡数量；

k_j = 价格反应系数。

另外，每一期整个经济的总超额需求将为：

$$I - S = I - S_{pr} - S_g \tag{6.2.13}$$

式中：

I = 私人计划投资；

S = 计划储蓄（总额）；

S_{pr} = 私人计划储蓄（$= Y - T - C$）；

S_g = 政府计划储蓄（$= T - G$）。

总超额需求等于各部门超额需求的和：

$$I - S_p - S_g = \sum P_j x_j \tag{6.2.14}$$

式中 $\sum$ 符号除另有说明外，均指 $j = 1, 2, \cdots, m - 1$ 之和。又设 $i + 1$ 拉氏物价指数为：

$$P_L = \frac{\sum q_j P_{j,i+1}}{\sum q_j P_{j,t}} \tag{6.2.15}$$

P_L 将上升、维持不变或下跌，见下式而定：

$$\sum (q_j \Delta P_j) \gtreqless 0 \tag{6.2.16}$$

将式（6.2.12）代入，式（6.2.16）左边可改写为：

$$\sum (q_j \Delta P_j) = \sum (k_j P_j x_j) \tag{6.2.17}$$

如果所有的 k_j 值为一常数 k ，则：

$$\sum(q_j\Delta P_j)=(\sum P_j x_j)k=(1-S_p-S_g)k \tag{6.2.18}$$

因此物价指数将上升、维持不变或下跌完全决定于总超额需求（即货币的超额供给）为正、零或负而定，即超额总需求不存在，即无通货膨胀。

然而，假定 k_j 值并不完全相等，部分价格容易上涨而不易下跌，部分价格则较其他容易上涨。以 x_i 表示超额需求为正，x_r 表示超额需求为负，且所有的 k_i 值大于 k_r 值，即使最小的 k_i 值仍大于最大的 k_r 值，则下式关系即使存在：

$$\sum P_j x_j=\sum P_i x_i+\sum P_r x_r=0 \tag{6.2.19}$$

也能发生：

$$\sum k_j P_j x_j=\sum k_i P_i x_i+\sum k_r P_r x_r>0 \tag{6.2.20}$$[①]

因此只要商品与要素价格向下降的僵固性质存在，即使无超额总需求，资源配置的变化仍能使全面性物价上涨。

就上述模型，我们也可以讨论各生产部门间生产技术与生产力不平衡发展对一般物价水平的影响[②]。

五、小结

本节讨论同类物价或通货膨胀的模型，第一种模型称为纯需求通货膨胀，

---

① 自式（6.2.19）观察，即 $\sum P_i x_i=-\sum P_r x_r$

以 k'' 表示最小的 k_i 值及 k' 表示最大的 k_r 值，则假定 $k''>k'$ ，则

$\sum k_i P_i x_i>k''P_i x_i>-k'\sum P_r x_r>-\sum k_r P_r x_r$

证明式（6.2.20）不等关系的存在。

② 见舒尔策（1959）。

当生产水平接近生产能量时，总供给函数急剧上升，而总需求函数不断右移，即发生一般物价水平上涨现象。第二种模型称为纯供给通货膨胀，当总需求函数静止不变时，物价上涨来自总供给函数向左上方移动。第三种模型为总供给函数与总需求函数交互作用的模型。第四种模型则考虑多种商品出现通货膨胀的可能性。

第三节　德劳斯基（Sidrauski）模型[①]

一、模型

在这节所要使用的是著名的德劳斯基模型的一个离散时间模型结构。为了避免不必要的混乱，我们将应用不含折旧或人口增长的模型，所以我们要考虑一个由许多相似的家庭所组成的经济结构，而每个家庭在时间 t 寻求最大值：

$$u(c_t, m_t) + \beta u(c_{t+1}, m_{t+1}) + \beta^2 u(c_{t+2}, m_{t+2}) + \cdots \tag{6.3.1}$$

式中：

c_t 为时间 t 的消费量时，$m_t = M_t / P_t$；

M_t 为时间 t 的初始值，家庭的名义货币存量；

P_t 为消费品的货币价格；

β 为贴现因子，即 $\beta = 1/(1+\rho)$，其中 ρ 是一个正的时间偏好参数。

对于每个家庭来讲，都有这样一个生产函数，这个生产函数对资本和劳动力这两个输入量是一次齐次的。不过在这个方程的第一个版本中，劳动力的供给是无弹性的，因此生产函数可以写成：

---

① Bennett T. Mccallun. Inflation: Theory And Evicence [J]. 1987 (7).

$$y_t = f(k_t) \tag{6.3.2}$$

式中：

y_t 为产出；

k_t 为 t 时间开始时所具有的资本；

f 被认为是行为良好的函数。

在各个时期 k_{t+1} 只选择一个唯一的正值。资本是未消费的产出，因此，它的价格和消费品的价格是相同的。从时间 t 到时间 $t+1$ 保持的资本实际报酬率是边际产品 $f'(k_{t+1})$ 。

此时出现一个问题，即函数 u 包含 m_t 作为一个自变量。有许多学者对这个问题所叙述的基本观点是，拥有交换媒介是有助于一个经济主体的交易的，而表达这种观点的方法之一，就是假设家庭得到的效用只来源于消费和闲暇，如果需要获得消费品①就需要购买，而购买消费品就要减少闲暇和工作时间。然而在货币经济学中，一个给定的消费量与所需购物的时间量，要求是成反比的，并且依赖于家庭所拥有的实际现金余额数量。如果购买商品的时间和 c_t、m_t 称为函数关系，那么，代入基本的效用函数就产生了一个含有m_t的间接效用函数②。这个公式并不支持德劳斯基说明式（6.3.1）的每一个细节，因为它引入劳动时间使其作为另一个自变量，从而导致了对u的导数的不同假设。然而，他为一般的方法提供了依据。为了便于表达，我们暂时继续利用

---

① 所写的模型明确承认只有一种物品。可是模型打算提供一个经济的简化表示，其中每家卖一种单一产品，并且在相对价格不变的情况下买很多不同的消费品。这种解释可以被严格证明是正确的，已由卢卡斯证明了，他说："我料想当我们用总量模型研究时，这种框架是脑子里经常想的。"

② 假设基本时期内效用函数为 $\tilde{u}(c_t, l_t)$，这里 l_t 是时间 t 中的闲暇。再假设，在某一时期中，购物时间是 $\varphi(c_t, m_t)$，这时 $\varphi_1 > 0$ 并且 $\varphi_2 < 1$ 。那么，若把每个时期拥有的总时间规范化为 1.0，并且用 n_t 作为劳动时间，$l_t = 1 - n_t - \varphi(c_t, m_t)$ ，而替代后产生了 $\tilde{u}(c_t, 1 - n_t - \varphi(c_t, m_t)) \equiv u(c_t, m_t, n_t)$ 。在支付技术的变化上，将改变函数 φ ，因而也改变 u 。应该注意的是，货币超前约束仅是购物时间模型的一种特殊情况，其中当 $m/c < 1$ 时，$\varphi > 1$ ，而当 $m/c \geqslant 1$ 时，$\varphi = 0$ 。

德劳斯基说明式（6.3.1）。在式（6.3.1）中，假设 u①性能很好，但是要对它作如下的改动。

考虑到与政府之间的相互作用，假设在时间 t 每个家庭收到实际数量 v_t 转移支付（扣除纳税），它们是一次总付的，即每个家庭都认为经济总量是独立于其资产和行为之外的。一个典型家庭在 t 时期的预算约束为：

$$f(k_t)+v_t=c_t+k_{t+1}-k_t+(1+\pi_t)m_{t+1}-m_t \tag{6.3.3}$$

式中：

$\pi_t=(P_{t+1}-P_t)/P_t$，是从 t 到 $t+1$ 时间内的通货膨胀率。

在时间 t，家庭使式（6.3.1）最大化，并不是一个服从像式（6.3.3）一样的约束条件序列，每个时期②有一个这样的约束条件。在 u 和 f 性能都很好的假设下，最大化问题的一阶欧拉条件可以写成对每一个时期成立的方程组。在完善预见下，这些条件为：

$$u_1(c_t,m_t)-\lambda_t=0 \tag{6.3.4}$$

$$\beta u_2(c_{t+1},m_{t+1})-\lambda_t(1+\pi_t)+\beta\lambda_{t+1}=0 \tag{6.3.5}$$

$$-\lambda_1+\beta\lambda_{t+1}[f'(k_{t+1})+1]=0 \tag{6.3.6}$$

另外，有两个横截性条件③：

$$\lim_{t\to\infty} m_{t+1}\beta^{t-1}\lambda_t(1+\pi_t)=0 \tag{6.3.7}$$

$$\lim_{t\to\infty} k_{t+1}\beta^{t-1}\lambda_t=0 \tag{6.3.8}$$

① 参看麦卡勒姆（1983）。一个对有关情况更全面的讨论由费姆斯特尔（1986）提供。

② 模型的一般均衡性质可以通过允许许多家庭的劳动供给与在生产中所使用的劳动数量不同来强调。对资本也是如此，差额由竞争市场来满足。但是，所有的家庭一样，均衡差额将为零。于是，为了记号简化，在式（6.3.3）中不承认这种可能性。

③ 横截性条件的作用是排除满足式（6.3.3）—式（6.3.6），但是在一个长时期里对家庭是不利的路径。例如，它们阻止家庭以如此高的速度无限期积累资产，以至于未来消费利益永远不会出现。

这里需要说明的问题是，当式（6.3.3）—式（6.3.8）是联合充分条件时，条件式（6.3.3）—式（6.3.8）是求最大化的必要条件①。因此，如果满足式（6.3.7）和式（6.3.8），则家庭的选择c_t、m_{t+1}、k_{t+1}和λ_t将可以由差分方程式（6.3.3）—式（6.3.6）来描述（对于给定的初始资产的路径）。

为了使这个模型完整，我们转向政府，先暂时排除借债的可能性，将政府的预算约束条件（按每一个家庭）记为：

$$M_{t+1}-M=P_t\ (g_t+v_t)$$

式中：g_t 为 t 时刻政府购买的实际产出。

这个方程的等号两边同时用 P_t 去除，并利用 π_t 和 m_t 的定义，则这个约束条件以实物计算可表示为：

$$(1+\pi_t)m_{t+1}-m_t=g_t+v_t \tag{6.3.9}$$

由此可见，将政府和家庭的预算约束式（6.3.9）和式（6.3.3）联合起来，可得出下面总的资源约束条件（或国民收入恒等式）：

$$f(k_t)=c_t+k_{t+1}-k_t+g_t \tag{6.3.10}$$

由于这种相互依赖性，在描述任何均衡时，这三个约束条件中只需要任意两个。现在考虑一种由政府②选择M_t和g_t的时间轨迹的情况。c_t，k_{t+1}，m_t，λ_t，π_t，P_t 和v_t的竞争均衡轨迹在政策选择的条件下③是由式（6.3.3）—式（6.3.6）和式（6.3.9）并加上两个定义恒等式决定的：

$$m_t=M_t/P_t \tag{6.3.11}$$

$$\pi_t=\ (P_{t+1}-P_t)\ /P_t \tag{6.3.12}$$

① 参看布洛克（1975），应该提到的是，布洛克对于模型目前形式的完善预见分析贡献如此之大，以至于这类模型完全可以被称德劳斯基一布洛克模型。

② 其他可能性是政府选择 M_t 和 v_t 的轨道，或选择 g_t 和 v_t 的轨道。应提到的是，选择 M_t 轨迹是和选择货币存储增长率 μ_t 轨迹等价的，定义 $\mu_t=(M_{t+1}-M_t)/M_t$ 。

③ 假设满足横截性条件。

二、稳定状态的分析

利用上述所讲的模型来讨论稳定状态的性质，即在动态均衡中，每个变量都有某一不变的增长率。当前的假设不考虑技术进步和人口增长因素，这个条件要求 g_t、k_t、v_t、λ_t、c_t 和 m_t 不随时间变化而变化，即增长率为零。要引出这一含义，就要注意恒定的增长要求 λ_{t+1}/λ_t 的比率是不变的，并且由式（6.3.6）可得出 k_t 的零增长率。那么，由式（6.3.10）则意味着 c_1+g_t 必须是常数，只有在两个变量都是常数时，才能成立①。于是条件式（6.3.4）表明m_t的增长率为零。并且条件式（6.3.9）表示v_t的增长也为零。

我们已知这六个变量在整个时间过程上，都必须是恒定的，这样才有可能消除λ_t、M_t和P_t。按照下式表示这一体系：

$$\beta u_2(c,m)=u_1(c,m)(1+\pi-\beta) \tag{6.3.13}$$

$$1=\beta[f'(k)+1]$$

$$f(k)=c+g$$

$$\pi m=g+v$$

其中，第一个表达式来自式（6.3.4）和式（6.3.5）；第二个表达式来自式（6.3.6）；第三个表达式来自式（6.3.3）和式（6.3.9）；第四个表达式来自式（6.3.9）。g和π由政策给出，这四个关系式决定以 c、k、m 和 v 的稳态值。

在稳态方式下m_t不变的含义就是通货膨胀率要等于（人均）现金增长率（用μ表示）。但是，如果技术上的改变使得生产函数和购买时间函数不断移动，则上面所说的相等就不复存在了。例如，若采用式（6.3.2′）代替式（6.3.2）。

① 这是从一个很有用的事实产生的，即，如果说 $z_t=x_t+y_t$，那么只有 x_t 和 y_t 按各自相同的比率增长，z_t，x_t，y_t 才能都按常速增长。之所以如此，是因为 $\Delta z_t/z_t\equiv(x_t/z_t)\Delta x_t/x_t+(y_t/z_t)\Delta y_t/y_t$。因而 x_t 和 y_t 的较快增长对 z_t 的增长率有一个不断加强的影响。

$$y_t = (1+\alpha)^t f(k_t) \qquad \alpha > 0 \tag{6.3.2}$$

那么，就要求g_t、k 和c_t要按正的增长率增长。m_t也是如此，并且意味着通货膨胀将小于货币增长。然而π 和μ的差额将由独立于μ本身的技术情况决定。

在目前情况下，我们最感兴趣的是“超中性”问题，即c、k、y的稳态值是否独立于π（和μ）？但是，在当前的模型中，要通过检验式（6.3.13）得到一个肯定的答案是一件很简单的事。特别是k值只是由式（6.3.13）的第二个方程决定的。然后，当政策决定了g值时，第三个方程决定c。因此，我们可以看到k、c 和 $y=f(k)$ 能够在不参考π 值的情况下被求出来。对π 的不同定值，将不会影响稳态的主要实变量值。

当然，有一个实变量要受到π 的影响，即m。因为$u_1>0$时，π 的不同取值通过式（6.3.13）的第一个方程，要求有不同的实际货币持有量。实际上，比较稳态导数 $\mathrm{d}m/\mathrm{d}\pi$ 就等于$u_1(u_{22}-u_{12}u_2/u_1)/\beta$，因此，$u_{22}-u_{12}u_2/u_1<0$①，通货膨胀率越高则实际余额将越小（即持有货币的成本）。需要提到的一个术语问题是：对于通货膨胀率中m的非不变性是否意味着德劳斯基模型不具备超中性的性质。我们认为，对于这个术语的解释将使它变得几乎无用了，因为，在我们所感兴趣的一组模型中，m相对于π是不变的，而这类模型或许是无意义的②。因此，超中性的合理定义特性应该是除实际货币余额外的一切实变量，通过不同稳态的不变性。这个定义和帕廷金的定义是相同的。

然而，尽管这样定义的超中性是原来陈述的德劳斯基模型的一个性质，但它经不住任何微小的修改。要想证明这个性质的不健全性，就需要去掉在任何事件中不合理的假设，即劳动力的供给是无弹性的。那么，模型的效用函数和生产函数将为：

---

① 德劳斯基（1967）的c和m都不是劣等的假设隐含这一条件。

② 所说的是相对于可选择的通货膨胀率不变。

$$u(c_t,m_t,n_t)+\beta u(c_{t+1},m_{t+1},n_{t+1})+\cdots \tag{6.3.1'}$$

和

$$y_t=f(n_t,k_t) \tag{6.3.2'}$$

其中：n_t 表示一个典型的家庭在 t 期间内生产所消耗的劳动量。假设当$u_3<0$时，有 $u_{33}<0$；当 $f_2>0$ 时，$f_{22}<0$，并且，这些函数继续有内部解。作了这些修改后，下述方程必须附加于上面的欧拉方程式（6.3.3）—式（6.3.6）。

$$u_3(c_t,m_t,n_t)+\lambda_t f_1(n_t,k_t)=0 \tag{6.3.14}$$

当然，涉及 u 和 f 的表达式需要重新解释。所得的决定 c，k，m，v 和 n 的稳态条件，于是变为：

$$\beta u_2(c,m,n)=u_1(c,m,n)[1+\pi-\beta] \tag{6.3.15}$$

$$u_3(c,m,n)=-u_1(c,m,n)f_1(n,k)$$

$$1=\beta[f_2(n,k)+1]$$

$$f(n,k)=c-g$$

$$\pi m=g+v$$

这些关系式中不同点的关键是第三个方程不再只是和一个变量有关了。因此，它不能单独确定 k 值。事实上，如果不包含 π，式（6.3.15）的任意方程子集都不能求出实变量。因此，这个简单而适当的修改，清楚地表述了德劳斯基模型不具有超中性这一点。

不过，值得一提的是，如果 $u_3(c,m,n)/u_1(c,m,n)$ 不依赖于 m，那么式（6.3.15）的一个子系统在不含 m 或π 时就能解出k、n 和c。超中性在这种特殊的情况下是奏效的。如果函数 u（c，m，n）的 c、m 和 $1-n$ 是柯布—道格拉斯形式，这样的一个条件将成立，由于这样的形式似乎经常提供一个对数据的很好的逼近，或许下列结论是合理的，修改后的德劳斯基模型不包含严格的超中性，但是，确实提示背离超中性可能在数量上是不重要的。

三、推广

在此，对模型加第三项资产会有用，且明显的可能性之一是私人债券，但是，由于所有家庭都是同样的，因此，每户所持有的均衡数量必须是零[①]。所以包含政府的公债是更有意思的。进一步讲，包含公债有利于按一定方式修改政府预算约束，这种方式能够清楚地区分货币和财政政策行为。

要包含政策公债就需要扩大模型，这里设定存在一期证券，这个证券在 t 时刻按货币价格 Q_t 被售出，并且在 $t+1$ 期用一单位货币赎回。它们的名义报酬率为 $R_t=(1-Q_t)/Q_t$，而实际报酬率 r_t 定义为 $1+r_t=(1+R_1)/(1+\pi_t)$。在 t 时期一个典型的家庭购买这种公债的数量是 B_{t+1}。如果我们定义 $b_t=B_t/P_t$，那么 t 时期，家庭的预算约束变成：

$$f(k_t)+v_t=c_t+k_{t+1}-k_t+(1+\pi_t)m_{t+1}-m_t+(1+r_t)^{-1}b_{t+1}-b_t \tag{6.3.16}$$

而不是式（6.3.3）。这一变化对欧拉条件式（6.3.4）—式（6.3.6）没有影响，但是对那个集合增加了如下条件：

$$-\lambda_t(1+r_t)^{-1}+\beta\lambda_{t+1}=0 \tag{6.3.17}$$

后一个条件作为等式被表示出来，反映了一个隐含的假设。这就是，家庭可能选择正的或负的 B_t 值——可能借给政府钱或从政府那里借钱。另外，现在家庭问题是以一个新的横截性条件为特色的，这个条件为：

$$\lim_{t\to\infty} b_{t+1}\beta^{t-1}\lambda_t(1+r_t)^{-1}=0 \tag{6.3.18}$$

这样就产生了限制家庭积累公债的意愿的效果。

---

① 可是这不会妨碍对这种公债上的利息率的决定。另一个欧拉方程将提出一个稳定要求，即名义利率等于 $f'(k)+\pi+\pi f'(k)$。

由于包含了政府的公债，政府预算约束变为：

$$(1+\pi_t)\ m_{t+1}-m_t+(1+r_t)^{-}b_{t+1}-b_t=g_t+v_t \tag{6.3.19}$$

这个条件和式（6.3.16）含有式（6.3.10）的意思，就像前面的式（6.3.3）和式（6.3.9）起的作用是一样的。由这个认可的追加财产，政府的政策能够假定四个变量 M_t、g_t、v_t 和 B_t 中三个的时间路径，第四个变量的时间路径由式（6.3.19）决定。

这个扩充了的模型，考虑到了政府规定 M_t、g_t 和 v_t 的时间轨道假设下一个竞争平衡的情况。假设三个横截性条件是满意的，式（6.3.4）、式（6.3.5）、式（6.3.6）、式（6.3.11）、式（6.3.12）、式（6.3.16）、式（6.3.17）和式（6.3.19）决定了 c_t、k_t、m_t、λ_t、π_t、P_t、r_t 和 b_t 的时间轨迹。类似式（6.3.13），这个系统的一个减缩稳定状态形式可以写成：

$$\beta u_2(c,m)u_1(c,m)(1+\pi-\beta) \tag{6.3.20}$$

$$1+\beta[f'(k)+1]$$

$$r=f'(k)$$

$$f(k)=c+g$$

$$\pi m=br/(1+r)=g+r$$

这五个方程决定了 c、m、k、r 和 b 的稳态值。上述总结的这个系统的一个显著性质是变量值，而不是 b 不受政府选择 v 的影响。可以通过对方程组（6.3.20）的前四个方程求解得 c、k、r 和 m（其中 g 和 π 为一组政策值）来说明这一点。因此，v 的任何变化仅仅表明意味着像第五个方程政府预算约束所说的 b 的一个变化①。由于 M_t 的轨迹是外生的，并且 m 是前面所要讨论的模块②

① 我们仍假设满足系统的横截性条件。

② 应该补充的是，相似的结论在稳定状态以外仍成立。式（6.3.4）、式（6.3.5）、式（6.3.6）、式（6.3.10）、式（6.3.17）和 m_t 和 π_t 的恒等式都没有提到 v_t 或 b_t 。因此，当政府确定了 g_t、M_t 和 v_t 或 b_t 轨迹时，这七个方程式决定 $c_t,k_t,m_t,\lambda_t,\pi_t,P_t$ 的值而与 v_t 无关。

决定的，因此，P_t 的时间轨迹相对于 v 是不变的。

由于税和公债的抵消性质李嘉图在理论上默认了，所以，这一结果的其他变量对税收中的公债融资变化的不变性——很典型地被认为是“李嘉图等价定理”。目前，对于具有这种李嘉图性质的模型的描述主要来自巴罗的著作[①]。

当税收或转移适合于收入或生产要素时，李嘉图等价结果并不成立，这一点可以从下面看出。假设在家庭和政府的预算约束中，v_t 被 $\tau f(k_t)$ 所代替，这里 τ 是生产税率。那么一阶条件式（6.3.6）将有 $(1-\tau)$ 乘以 $f'(k_{t+1})$，因此，第二个和第三个方程（6.3.20）将有 $(1-\tau)f'$ 而不是 $f'(k)$。所以，由方程组（6.3.20）的前四个方程所决定的 c、k、m 和（或）r 的值，将取决于 τ 值。但是，τ 值将由方程组（6.3.20）的第五个方程与 b 值相联系，因此，b 值的变化将导致 c、k、m 和 r 的变化。

现在再考虑具有整数税、转移支付数量的情况。由于 v 和 b 的不同路径含有政府预算地位的不同值，然而，对其他变量无影响，这样就产生一个问题：是否有可能具有一个永久性预算赤字的均衡？如果赤字是靠发行货币弥补的，就没有问题，但是，假设 M_t 保持不变，而通过持续出卖债券来弥补一个正的赤字，在这种情况下，答案决定于所使用的赤字的定义。如果不包括利息支付，赤字就被定义为式（6.3.19）右端的形式，那么 g_t+v_t 的正值和一个不变量 M_t 共同意味着 b_t 的增长率必须和稳态的利率相等，这样就违反了横截性条件（6.3.18）。这一事实本身并不是决定性的，因为横截性条件并不是在所有的情况下优化所必需的[②]，但是可以表明在目前这种情况下，隐含的 b_t 的轨迹和个体优化是不一致的。另外，如果“赤字”更常规地被定义为包

① 特别是，巴罗（1974）说明，如果他们关心他们后代的效用，并且留有非零遗产，那么，这个结果可能对有限生命的个人成立。

② 可是，在目前的事例中，生产和效用函数具有足够的凹度，故能够满足韦茨曼（1973）条件，同时，事实上横截性条件是必要的。

含利息付款，如在

$$d_t = g_t + v_t + b_t R_{t-1}/(1 + R_{t-1}) \qquad (6.3.21)$$

中，那么，具有 $d>0$ 的均衡轨道是有可能的，其中，所有的变量除 v_t 和 b_t 外都是恒定的。在这种情况下，b_t 是按照 $b_{t+1} = b_t + d(1+r)$ 的形式增长的，因此，b_t 的增长要大于 β^{t-1} 的几何型收缩就能抵消，从而也就满足了式（6.3.18）。所以，具有 $d>0$ 和不断增长的债务的零通货膨胀是有可能的。但是当 d_t 和 g_t 恒定时，式（6.3.19）表示税（$-v_t$）也将不断增加。事实上，目前从麦克勒姆中得出的结论并不违反下面的条件：当从创造货币中所得收入被认为是一种税时，预算按现值计算必须平衡。

应当再说一句，如果模型被推广为允许①折旧，②每个家庭有人口增长，③像式（6.3.1′）和式（6.3.3′）中那样有变化的劳动供给时，这一节中的每个结论仍然有效。

四、福利

现在我们来考虑不同稳态通货膨胀率对一个典型家庭的效用影响。要使结果一般化，我们把劳动的供给作为一个变量的模型，即具有效用和生产函数式（6.3.1′）和式（6.3.3′）的非超中性模型。在这种情况下 c、k、m、n 和 v 的稳态值都由方程组（6.3.15）给出（g 和 π 为政策值）。

当评估这些值是否合乎需要时，我们就要在此考虑，在 $t=1$ 时，选择使目标函数（6.3.1′）最大需要的各变量的时间轨道的“社会计划”时，只服从经济的总资源约束。对于每个家庭而言，这些约束为：

$$f(n_t,\ k_t) = c_t + k_{t+1} - k_t + g_t \qquad (6.3.22)$$

其中：

$$t=1,\ 2,\ \cdots$$

这个问题的一阶条件是式（6.3.22）和下面的等式，这里 $\phi_t \geqslant 0$ 是和式

(6.3.22)有关的拉格朗日乘子:

$$u_1(c_t, m_1, n_1) - \phi_t = 0 \tag{6.3.23}$$

$$u_2(c_t, m_t, n_t) = 0 \tag{6.3.24}$$

$$u_3(c_t, m_t, n_t) + \phi_t f_1(n_t, k_t) = 0 \tag{6.3.25}$$

$$-\phi_t = \phi_{t+1}\beta[f_2(n_{t+1}, k_{t+1}) + 1] = 0 \tag{6.3.26}$$

$$-\phi_t \leqslant 0 \text{ 并且 } \phi g_t = 0 \tag{6.3.27}$$

在上述方程中,最后一个指出:既然由式(6.3.23)得出 $\phi_t > 0$,则 $g_t = 0$,即政府对产出的购买必须等于零。但得出这一结论只因为我们的设计是假定政府的购买不起作用,这一假定是政府的购买不构成资本或提供家庭认为有价值的服务。结果由于这些假定至少是有疑问的,$g_t = 0$ 的条件确实不应该作为一个关于最优财政政策的结论。我们设 $g_t = 0$ 仅为了有助于对最优通货膨胀的考查。

由于设了 $g = 0$,最优性条件的稳态形式就变为:

$$u_2(c, m, n) = 0 \tag{6.3.28}$$

$$u_3(c, m, n) + u_1(c, m, n) f_1(n, k) = 0$$

$$1 = \beta[f_2(n, k) + 1]$$

$$f(n, k) = c$$

这些决定了当 $g = 0$ 时的 n、k、c 和 m 的最优值以及政策及 π 的值。问题是这些值与那些由竞争均衡所提供的值相同吗?对式(6.3.15)检查,实际上指出了,当且仅当方程组(6.3.15)的第一个等式的右端为零,满足式(6.3.28)的第一个时,答案是"是"。并且由于 u_1 是严格正的,这个等式只有在 $1 + \pi - \beta = 1$ 时才能得到。因此,社会最优化需求通货膨胀率 $\pi = \beta - 1$。

对于最后一点的解是容易的。由于稳态条件为 $1 = \beta(f_2 + 1)$,所需通货膨胀率由 $\pi = (P_{t+1}/P_t) - 1 = (1 + f_2)^{-1} - 1$ 或 $P_t/P_{t+1} = 1 + f_2$ 或 $(P_{t+1} - P_t)/P_{t+1} = -f_2(n, k)$ 给出 。当然,这可以直接被看出是著名的"芝加哥规

则”，主要是弗里德曼（1969）发展的：紧缩率等于实际利息率[①]。这个要求的逻辑就是它并没有给那些已被满足了的经济主体以某些社会无须付成本便可生产和提供有价值服务之类的东西——在这里是实际货币平衡。

到现在为止，我们不够注意的一件事是边际收益函数$u_2(c, m, n)$的行为。特别是过渡的实际货币平衡要求某些适当大的m，$u_2=0$[②]。购物时间很清楚地支持了这样的一个价值的存在：很可能持有比在任何情况下的一个时期中要多的货币。然而，是否高m在超过过渡满足水平时，u_2变为负值或保持为零更好，这一点还不清楚。

应该说，我们所得到的最优结果，依靠于对转移（税收）以一次支付的形式来管理的假设。如果政府收入肯定，假设某些政府收入需要被用于明确的政府支出下合适时，不是通过税收的收入来提交的，则条件（6.3.15）将改变，并且，甚至$\pi=\beta-1$也不再与条件（6.3.28）相匹配。菲利普斯认为在这种情况下，最优通货膨胀率将由这样一个条件决定，即有数的收入来源具有相同的单位收入的边际自身损失。但是这一争论并没有证实正通货膨胀率为最优。首先，马蒂、巴罗和费雪（1976）指出对于通货膨胀税来说，这个边际“征收成本”是$-\eta/(1+\eta)$，这里η是货币需求对利息率[③]的弹性。η值为-0.25，那么就意味着33%的边际征收成本，这一成本是相当高的。从

---

① 虽则马蒂（1961）给出了对芝加哥规则的一个早期的和透彻的讨论，笔者所发现的最早陈述是费里德曼（1960）的。

② 假设基本时期内效用函数为$\tilde{u}(c_t, l_t)$这里l_t是时间t中的闲暇。再假设，在某一时期中购物时间是$\psi(c_t, m_t)$，这时$\psi_1>0$并且$\psi_2<0$。那么，若把每个时期拥有的总时间规范化为1.0，并且用n_t作为劳动时间，$l_t=1-n_t-\psi(c_t, m_t)$，而替代后产生了$\tilde{u}[c_t, 1-n_t-\psi(c_t, m_t)]\equiv U(c_t, m_t, n_t)$。在支付技术的变化上，将改变函数$\psi$，因而也改变$u$。应该注意的是，货币超前约束仅是购物时间模型的一种特殊情况，其中当$m/c<1$时，$\psi>1$，而当$m/c\geqslant1$时，$\psi=0$。

③ 马蒂的分析和奥恩胡塞尔（1974）的分析（巴罗和费雪利用了他们的分析），依赖货币需求函数下的面积进行成本估计。我们的一般均衡结果和费里德曼（1969）的结果一致，使推测货币需求方法不是错误的。

这方面考虑，巴罗和费雪（1976）得出结论，虽然菲利普斯命题，即通货膨胀筹资应该选为最优财政的一套措施的一部分，但是在原则上是无可争议的，从数量上可能这一主张不会导致选择很高的通货膨胀（并且可能导致一个负的通货膨胀率）①。

最近，发展了一个更明确并引人注目的结果，特别是金姆洛甫主张由于货币有助于促进各种交易，通货膨胀税近似于对一个中间产品征税，它不属于一套最优税收之中。金姆洛甫证明了在一个有消费税和一个固定资本存量②的条件下，就会出现那种情况。以前，卢卡斯和斯托基利用现金超前约束的一种变型得到过一个相似的结果。金姆洛甫和卢卡斯以及斯托基的论点在政府税收必须以没有整数税为条件筹集的假设下，有助于恢复芝加哥规则的最优性。

前面只是关于通货膨胀的“鞋皮”成本的讨论，不能使代理人对不用成本就生产与服务产生的资产过分满意。许多作者已经强调，相对于这种每年20％的通货膨胀率，成本从数量上说是相当小的。由于低于20％的通货膨胀在实际经济中引起很大的苦恼，那么一个重要的问题是，为什么会这样？费雪在一系列论文中广泛地论证了这一主题并加以概括。进一步总结这些论点是很困难的，但是总的来说，由费雪指出的显著的非鞋皮成本既由于没采用为非通货膨胀世界所设计的制度的特点（即政府债务的非指数和税收计划），也由于在任何紧密的逻辑方式中没有实际与通货膨胀相结合的通货膨胀变化性。由此任何一个相信“通货膨胀与公共道德的下降及国家的兴衰有关，并更重视与货币三角和价格制度的效率性”有关的人③，将对费雪的观点有些失

---

① 总的来说巴罗—费雪（1976）的论文对这节所讨论的事情给出了一个优秀简要的概述。可是那篇论文提问：“为什么在持有货币的成本自始至终都趋于零时，私人经济还会保持任何实际资本？”巴罗—费雪（1976）的回答是：资本存量的任何减少会使它的收益提高到高货币的收益，并使财产所有者重新运动到资本一方。

② 后一个条件的意义值得研究。

③ 费雪（1984）。

望。但是，如他所说的：由于在通货膨胀和失业之间没有长期取舍，除了减少通货膨胀的代价昂贵外，对适当的通货膨胀就没有什么理由可说了，而且上述非适应性在实际中可能是很重要的。例如，如果税收计划的非指标是给定的，那么，通货膨胀的成本可以被认为包括通货膨胀和对通货膨胀敏感的税种的相互作用引起的资源的错误配置（可能很大）。

五、随机震动

前面一个值得注意的局限性是没有考虑不确定性。本部分讨论比较稳态类型的命题，对有无不确定性不太灵敏。唐纳森和史密斯（1986）提供了有关问题之一——超中性的一点有趣的理论证据。这些作者研究了随机震动对生产函数的影响，所用模型在其他方面与第三节开始时非常近似于上面提到的模型。他们发现这种技术上的不确定性导致了上面方程组（6.3.13）[①] 中所含的严格超中性被否定。可是这一影响在数量上是很小的，在给定一组有代表性的参数值时，随机仿真是指当每一个时期货币增长率从零变到 500％时，资本存量的稳定状态分布的均值只从 0.18485 变到 0.18629[②]。

Chan（1983）已经考虑了承认不确定性时李嘉图等价结果的有效性。他的基本结果是：如果每个家庭所负担的将来的不确定税的份额是固定的，并且如果存在私人证券合起来是政府债券的完善代替品的情况时；那么债—税等价在有不确定性时继续保持。在不能获得这些条件的情况下，债务支持的税收变化将典型地对当前总量需求有某些影响，但是影响的方向正如巴罗（1974）所推测的那样，依靠对效用函数准确的严格说明和环境的其他方面。还应提到布兰查德（1985）所建议的那种理论方法，这种方法涉及寿命不确定的经济主体，

---

① 注意式（6.3.6）的有关形式变为 $E_\lambda=\beta E\left[\lambda f'(k)+\lambda\right]$，可以得到这一结果。既然 λ_{t+1} 和 k_{t+1} 不是独立的，不可能取消 E_λ。因此，系统不会按式（6.3.13）分解的方式分解。

② 更准确地说，是比较 $\mu=0$ 和 $\mu=5$ 的情况；参看丹率，唐纳森和史密斯（1986）所讨论的情况，勾画了一个柯布—道格拉斯生产函数和具有不变相对风险反感的不可分离偏好。

如果这些主体没有遗产动机，那么将包含一些违背李嘉图性质的因素。

另外，知道是否存在对系统随机冲击的情况中，最优通货膨胀的“芝加哥规则”作为一种平均通货膨胀率的方法仍然有效，这是相当有意思的。从直观上看，这种情况和超中性有关的情况类似，即根据确定性模型所得到的结论大致是有效的。说到形式分析，笔者还没有发现在德劳斯基模型本身中调查，但是卢卡斯和斯托基（1983）已经使用现金超前模型考虑了此事。因为他们说明现金超前约束只适用于消费品的一个子集——形式上是模型中两种复合商品之一——其他商品可以信贷购买，他们的模型同含有一个商品的德劳斯基的构造非常相似。在此模型中，政府支出有随机波动，卢卡斯和斯托基指出：需要一个恒等于零的名义利息率，这种利息是从流通中不断收回货币导致的通货紧缩产生的。必须说明所讨论的模型不包括资本货物，但是，引进资本货物似乎不影响货币饱和的必要性，这种货币饱和是由持有货币的私人成本接近于零的通货膨胀方式导致的。

第四节　有关持续通货膨胀的问题

在描述了用于分析持续通货膨胀的一种当代模型之后，再看一下不同观点以及有关证据。首先，我们考虑了我们的结论受到所采用的分析结构的影响，在这一分析结构中，各个主体的寿命是有限的，与德劳斯基的家庭永久存在的假设正好相反。其次，简单评论了多次讨论过的“过度通货膨胀”的投机泡沫的可能性。最后，提供了一些对现有经验证据，以及将证据用于未解决问题上的困难的看法。

一、交错各代模型

过去，学者进行了大量的货币分析，在所用模型中，每阶段都产生新一代的、具有两个（或两个以上）阶段寿命的个人经济主体。这些主体有关消费与储蓄的观点，随其年纪而自然变化，因而在时间的任何一点上经济包含对财富积累有不同愿望的主体，即使所有的主体生来都具有相同的一生效用函数和生产可能性。这一特点使交错各代结构成为分析有关储蓄和财富积累的理论问题的具有吸引力的工具。

在交错各代模型所进行的货币分析中，很大一部分包含了如下观点：“用不兑现纸币作为任何人的效用函数或任何工程生产功能函数的自变量是不合法的”。替代那个观点的人也避免了诸如购物时间函数或卢卡斯等人所偏爱的预获现金约束等关系式①。所得模型产生有关通货膨胀和其他货币现象的预测，与来自德劳斯基模型结构的预测有很大差异②。

然而，有争论说，这些模型的大多数不寻常的特性均因为其忽略了货币的交换媒介功能。例如，麦卡勒姆（1983a）证明，如用购物时间这一观点加以修正以反映这一功能，华莱士（1980）的三个突出的含义都将消失③。托宾（1980b）和帕廷金（1983）提出了类似性质的尖锐争论。

争论的焦点是，货币的交易功能使它成为一项特殊资产，因而，任何完全忽略货币交易功能的模型都可以引出有关实际货币现象的错误结论。遗憾的是，这种现象不能用比把货币作为生产或效用函数的自变量更令人满意的方式归纳进去，但是，以那种不充分的方式“抓住”这个特性比完全忽略它要好一些④。

---

① 假设基本时期内效用函数为 $\tilde{u}$（c_t，l_t）这里 l_t 是时间 t 中的闲暇。再假设，在某一时期中购物时间是 ψ（c_t，m_t），这时 $\psi_1>0$ 并且 $\psi_2<0$。那么，若把每个时期拥有的总时间规范化为 1.0，并且用 n_t 作为劳动时间，$l_t=1-n_t-\psi(c_t, m_t)$，而替代后产生了 $\tilde{u}[c_t, 1-n_t-\psi(c_t, m_t] \equiv U(c_t, m_t, n_t)$。在支付技术的变化上，将改变函数 ψ，因而也改变 u。应该注意的是，货币超前约束仅是购物时间模型的一种特殊情况，其中当 $m/c<1$ 时，$\psi>1$，而当 $m/c\geqslant 1$ 时，$\psi=0$。

② 见华莱士（1983）或布赖恩特和华莱士（1979）。

③ 华莱士的三个含义分别为如果货币增长率超过产出增长率，货币将没有需求；当且仅当货币增长非正具有有价值的货币的稳态才是帕勒托最优的；以及公开市场业务对价格水平无影响。

④ 麦卡勒姆（1983a）大大地发展了这种立场。

采用后一观点，许多作者应用交错各代模型加上预获现金或货币在效用函数中等特性对有关通货膨胀或其他货币现象等问题进行分析①。这里要研究的问题是，用交错各代模型及有限寿命主体是否产生与前文所述的不同的结论。

从超中性的角度看，交错各代模型一般不具备那个特性；斯坦（1971）和德雷泽（1981）以及其他作者所进行的分析暗示了这一点。实际上，德雷泽表明，在相当广泛的一组条件下，资金—劳动力比率与通货膨胀率呈正比关系。然而，可以争辩的是，这种影响在数量上可能不重要②。由于德劳斯基模型只有在不实际的假设条件下才包含确切的超中性，因而在任何场合中，关于这一点没有主要异议。

其次是德劳斯基模型的李嘉图特性，如在总数税收量用借债修改时，其他变量的不变性。在这一例中，交错各代模型的确产生了不同的预测③。特别是像迪亚蒙（1965）在非货币环境内所进行的先驱性分析那样，重要的宏观经济变量的稳定状态值将取决于类似第三节 v 的税负转移支付变量的量（给定货币存量和政府购买的时间路线）。

第三节的第三个主要结论是：具有一次付清税转移量的社会最优性要求遵循芝加哥规则。即通货紧缩率等于资金的边际产品。对具有货币的交错各代模型来说，麦卡勒姆（1987a）证明，在下述意义上这一条件对最优准则来说又是必要的：如果经济没有过剩的资金④，则除非实现芝加哥规则，否则不

---

① 包括斯坦（1971），德拉赞（1981），赫尔曼和萨达卡（1979），韦斯（1980），麦卡勒姆（1983a），卢卡斯（1980a）和伍德福德（1987）。

② 如果老年消费边际效用对青年消费边际效用之比不决定于货币持有量，则只有在货币是财富的一个重要形式的范围内才发生与超中性偏离。但是在美国，外部货币价值只有实物资产价值的大约百分之一。

③ 这里，各代交错模型是在一种意义中使用的，它不包括各代间利他主义起作用的框架，如巴罗（1974）的框架。

④ 这就是说，没有这么多资本以至于净边际产品少于总产出增长率。这种情况的可能性已被戴蒙德（1965），费尔普斯（1966），卡斯和雅瑞（1967）及许多其他人所强调了。

能在不降低任何其他一代人的效用的情况下提高一代人的效用。由于泰勒尔和麦卡勒姆等的分析表明，在拥有正值数量的不能增加但生产性资产（如土地）达到竞争均衡的经济中，过分积累现象不会发生，有关帕勒托（1983）最优性的结论与第三节很相似。

应该说前文的结论是针对承认各代的帕勒托型比较和任意最初的资本存量而言的。如果另一种分析试图测定产生最高的各代相同的稳定状态效用的通货膨胀率，那么将有一种选择，使增加实际货币余额与减少资本存量水平相联系。在这种情况下，不同的效用和生产函数的说明将产生不同的最优通货膨胀率，但是，这些通货膨胀率一般大于芝加哥规则的通货膨胀率①。但是，艾贝尔（1987）已经论证如下：假如还有一个财奴工具可供应使用，即两代人之间一次付清的转移，那么最优稳定政策涉及黄金规则的资本积累和货币满足。它像芝加哥规则要求的，使货币和资本的金钱报酬率均等可达到货币满足。

在继续论述前，让我们简单回顾一下那些对货币资产不赋予交易作用的交错各代模型类。这类模型没有为称为货币的资产提供任何促进交易的作用。在这些模型中，尽管存在这种遗漏，但仍有可能做出假设，允许有价值的货币和其他资产共存。例如，假设货币和其他资产具有不同的风险特性（华莱士，1982）或假设某些阶层由于法律限制不能拥有特殊资产来实现（萨金特和华莱士，1982）。在这类假设下，常出现的情况是，在开放市场中由货币政策当局抛出货币购进资产将不会影响总产值和价格水平（华莱士，1981）。关于这些结果，重要的认识是在相关模型中货币不作为交易的媒介。如果是交易媒介的话，其报酬率将低于在具有相同风险特制的其他资产上的报酬率（在缺少导致满足的政策时），开放市场买进相似风险资产的交易将会对需求有传统考虑的影响。解释这点的方式之一是，李嘉图模型中，由于税收资本化，政府用税收购买债券对总需求无影响，用税收增加货币存量则有积极影

① 见费雪（1986）。

响（因货币存量变化所必需的将来税收不一定变化）。但是，两种业务适当地组合在一起，相当于一次开放市场作业，因而，在开放市场上债券的购买对名义财富有正值净影响。在非李嘉图模型中，虽然其作用较弱或分析不那么透彻，但也存在着相同的影响。这些讨论的结果是，在货币具有交易作用的模型中，不能获得开放市场运作的名义“米勒—莫迪利安尼”结果。这种结果存在于华莱士和萨金特的例子中，其原因是它们适用于资产交换，交易中两种资产所起的交换媒介作用，达到完全相同的程度。通常来说，这项交易是不属于开放市场运作之内的。

在关于通货膨胀的主题上，萨金特和华莱士（1981）有一篇关系较远但相当独特、题为“一些不愉快的货币主义算术”的论文被广泛讨论。其原因在于文章提出，如果一个不负责任的财政当局靠连续赤字（不包括利息）过日子，则经济中的货币当局不可能用基本货币创造的选择来预防通货膨胀。在形式上，文章的论点是，基本货币和财政变量的路径均不可避免与政府预算约束有关，使得非通货膨胀的基本货币创造与连续实际赤字不一致。货币当局是否可以控制通货膨胀，取决于哪一个部门先行动，即货币当局还是财政当局，换句话说，谁给谁纪律约束（1981）。但文章分析时假设，在给定实际赤字秩序情况下，财政当局先动，意思是有一个给定的实际赤字序列。这样，文章似乎提示，实际上能通过开放市场运作来调节货币基础的货币当局可能在技术上受财政当局支配。但是经思考检验，这一提示是存在错误的。为证实这一点，假设货币当局努力避免通货膨胀（用慢慢创造基本货币的方式），而财政当局企图遵循含有实际连续赤字的购买/税收计划。在这种场合下，货币当局在技术上将能够使得财政当局服从它的纪律，与萨金特和华莱士的假设相反。其原因是货币当局能对基本货币直接控制，而财政当局不能直接控制赤字，仅能直接控制税收和供出售的债券。考虑这种情况，因财政当局没有必要的购买力，它将不能实现计划。它可以实现计划的购买量，但仅能通过增加税收和偏离它的计划的赤字路径。这样，真正有决心的货币当局永远能实现自己的意图。当然，实际财政当局的确常使用政治手段引导货币当局共同做不负责任的事情，但萨金特和华莱士（1981）的分析不是为研究这类政治力量而设计的。所以，这个分析并没有提供如果货币当局愿意，它就可以阻止通货膨胀的任何理由。

总之，在货币均具有交易特性的前提下，交错各代模型所产生的有关通货膨胀的消息，与德劳斯基模型所派生的那些消息没有很大不同。

二、泡沫通货膨胀

在过去的50年里，人们对于理性资产价格泡沫的可能存在给予了大量的学术性关注，即对均衡的关注，在均衡中，价格变化过程的一部分只因人们主观期望它存在而存在，但这样并不违反期望理性①。在其最简单的形式中，这种现象可用下式表现出来。假设在时期 t 市场清洁需要：

$$\phi(P_t, P^e_{t+1}) = 0 \qquad (6.4.1)$$

式中 ϕ 为超额需求函数，P_t 是所谈的现价，P^e_{t+1}是时期 t 对 P_{t+1}的期望值②。在完善预见假设条件下，P^e_{t+1}与 P_{t+1}相符，但式（6.4.1）将保留为在给定 P_{t+1} 期望值的前提下解释 P_t 的条件。特别是，式（6.4.1）不是一个把 P_{t+1} 联系到给定值 P_t 的普遍差分方程。这一点怀特曼（1984）已强调过。

求解式（6.4.1）的方法之一是找一个可用系统的有关状态变量表示 P_t 的函数。由于在式（6.4.1）中无其他非期望变量，在此情况下自然猜测 P_t 是不随

① 不清楚这一主题有一般目的的调查特殊方面已由泰勒（1986），布洛克（1987）和伍德福特（1984）作了有用的讨论。

② 一个例子是卡甘提供了一个具有合理期望值和一个不变货币存量的价格水平模型。

时间变化的常数①。所猜测的解是 $P_t = P$ ，P 待定。由于这种猜测 $P^e_{t+1} = P$ 亦成立，P 可通过 $\psi(P,P) = 0$ 的关系求解②。

然而，如 $P_t = \pi(P_{t-1})$ ，即 P_t 在函数中取决于它的最近的值，$P_{t+1} = \pi(P_t)$ 亦必成立。将它代入式（6.3.1），有 $\psi[P_t,\pi(P_t)] = 0$ ，可用于确定π值③。但是，采用后一式子 $P_t = \pi(P_{t-1})$ 而不是 $P_t = P$ 式，意味着假设经济主体们的期望基于“外部”状态变量，因为模型（6.4.1）未暗示 P^e_{t+1} 对 P_t 的依赖。在这种认识下，$P_t = \pi(P_{t-1})$ 定义了一组泡沫，每一个解用于 P_{t-1} 的每个可想象的初始值④。除非该值恰巧等于 P ，否则时间路径将不同于 $P_t = P$ 。而且，$P_t - P$ 的差异将构成解的泡沫成分。

在某些市场清洁价格取决于该价格将来值的现行期望的模型中，上述现象的出现更为普遍。人们广泛研究的一个问题是假设有优化的、着眼于未来的经济主体的竞争均衡，是否足以排除所讨论的那种泡沫均衡。答案似乎是，虽然某些类型的泡沫现象——如具有爆炸性相对价格的路径——被排除，但是其他类型未被排除。特别是在具有不兑现纸币的经济中，优化行为似乎不能排除那些实际货币余额连续下降、渐进地逼近零的泡沫⑤。这一点暗示具有固定货币存量的经济中价格水平持续上涨的可能性——一种可以称为膨胀泡沫的状况。这种逻辑可能性的存在已被哈恩（1983）用来反对货币主义观念，用他的话说，“通货膨胀的必要和充分条件是持续增加货币存量”。

然而，竞争理论不能排除膨胀的泡沫，并不意味着它们会出现在实际经

① 更一般的是，猜想将是 P_t 只依靠在目前模型中明确出现的变量。

② 这里我们假设 P 的此解存在且是唯一的。由泡沫所引起的非唯一性属于一种不同的类型，我们即将予以描述。

③ π 可能有一个以上的解，当 P 像上面定义以后的 P_t 只有一个相同的稳态值时。

④ 出现相重性的原因是式（6.4.1）本身并不涉及任何之后价格，这说明历史的初始条件是不相关的。

⑤ 对这种分析的论点的重要贡献是由盖伦（1973），布洛克（1975），奥伯斯法尔德及罗格夫（1985）作出的。

济体中。弗勒德、贝尔、布尔迈斯和沃尔曾尝试测定在1920—1923年著名的德国超级通货膨胀中是否盛行泡沫行为，但由于利用的关于货币当局行为的假设具有局限性，这些检验不完全有说服力。

第五节　通货膨胀与税收政策模型[①]

政府靠印刷货币或征税可能能够满足它的预算限制。但是，每一种融资方法都有效率成本。较高的通货膨胀率可以对经济的交易机制产生不利的影响和引起订立合同中的无效率。较高的征税可以歪曲劳动力的供给量，储蓄和投资量，储蓄和投资决策。许多学者对于在税收存在下最适宜的通货膨胀率进行研究，但描述只是筹措一项收入的固定负担最小的政府行为[②]。这些方法是否符合实际政府行为是一个未解决的和相对未研究过的问题。曼昆在1987年报告了很显著的战后美国在税负和通货膨胀率之间的正相关，这项发展与这些最优化政府模型的预测一致。

本文扩大了以前对税收和通货膨胀之间相互影响的工作，介绍了在一个经济合作发展组织国家的抽样调查中通货膨胀和税率之间相关新的经验证明，并且断定在偏好不随时间变化的条件下最优化模型不能解释大部分国家中观察到的相关[③]。这一点意味着其他考虑必然是通货膨胀的重要决定因素。一种可能是政府基于稳定的目标选择通货膨胀和税率；另一种可能是由于政治或

① Poterba，James M. Rotemberg，Julio J. Inflation and Taxation with Optimizing Governments [J]. Journal of Money，Credit & Banking (Ohio State University Press)，1990 (2).

② 以前的研究包括菲利普斯（1973），卡尔沃（1978），德雷泽（1979），赫尔普曼和萨德卡（1979），金姆洛甫（1986），卢卡斯（1986）和罗默（1987）。

③ 鲁比尼和萨克斯在1988年分别对这个最优化政府模型所预测的通货膨胀率和税率进行了检验，他们对经济合作与发展组织的15个国家自1960年来的样本进行了研究，除美国以外，这些模型没有得到其他国家数据的支持。

其他因素，政府不喜欢的程度随时变化，我们将在最后介绍这些问题。

有或者没有固定义务的模型在通货膨胀率和税率之间隐含着一个正的关系，在两种情况下用通货膨胀税来增加额外收入的边际社会成本是通货膨胀率的一个递增函数，征税筹资的边际固定负担也随税率一起增加。最优化的政府使来自通货膨胀和征税收入的边际社会成本相等，因此将提高通货膨胀率和税率以应付较高的收入需求。

政策制定者可能认为，考虑收入在货币政策的实证理论中没有地位，中央银行家很少提及不同货币政策导致的铸币税。虽然这里把这点作为反对下面研究的最优化模型的证据，但仍有可能使政策制定者的话和最优政府模型调和。当政府的支出高的时候，政府倾向于提高税率和增加公债。中央银行家就做出反应，用新铸货币购买政府债券，因而提高铸币收入，畏惧大规模政府债务存量所产生的高利息率使这种行为合理化①。不过他们的行为可能符合基于使固定负担最小的政府实证模型的预测。

本节对通货膨胀和税收的分析分为三部分。第一，概括通货膨胀和税收之间的联系，先谈政府能承担义务的情况，再谈它不承担义务时候的情况；第二，研究美国、英国、日本、德国和法国的通货膨胀和税收之间的经验关系，证明仅美国和日本数据获得通货膨胀和税收负担水平之间的正联系；第三，分析了简单实证的政府行为模型，比如，在这里分析的模型为什么可能无法解释货币和财政政策。

一、通货膨胀和税收

这部分模拟一个最优化政府对通货膨胀率和税率的选择，这些政策的选择只考虑它们的收入作用。首先考虑可能承担义务的情况，然后研究未承担

---

① 我们的分析只能应用于中央政府和中央银行相互合作的国家。艾莱斯纳和塔贝里尼在 1988 年提出了一个政府与中央银行不合作的模型。

义务如何影响结果。

政府的目标是使下式给出的筹措收入的预期总成本为最小：

$$W(t) = E_t \sum_{j=0}^{\infty} \rho^j k \left[h(\theta_{t+j}) - v(\frac{P_{t+j-1}}{P_{t+j}}) \right] \quad (6.5.1)$$

式中 ρ 是一个贴现因子，θ_t 等于在时间 t 纳税对收入的比率（税率），P_t 是价格水平。我们假设 $k()$ 是一个单调递增函数。税收变形 $h()$ 是递增凸形函数。

递增和凹函数 $v()$ 给出来自紧缩的好处，所以通货膨胀的成本是——$v()$。此函数不只是想捕捉通货膨胀对货币需求的变形影响，像在德雷泽（1979），菲利普斯（1973），金姆洛甫（1986）和卢卡斯（1986）论文中那样。它还反映了费雪和莫迪利安尼（1978）论文中列举的许多通货膨胀的可能影响[①]。特别是政府可能关心通货膨胀的分配影响与通货膨胀在有广泛的名义合同的世界上引入的困难。

政府的预算约束条件是用实际政府债务 b_t 的演变描述的：

$$b_t = [b_{t-1}(1 + i_{t-1}) + m_{t-1}] \frac{P_{t-1}}{P_t} + g_t - \theta_t y_t - m_t \quad (6.5.2)$$

在这里 m_t、g_t 和 y_t 分别表示实际货币余额、实际政府支出和实际收入。名义利率是 i_t。这里把政府支出作为外生的，不过让实际收入依靠税率而定。实际货币余额和在 t 时的名义利率依预期在 t 和 $t+1$ 之间的通货膨胀而定[②]。

1. **承担义务的案例**

假设政府选择一个税率表，该表规定支付只作为过去行为的一个函数。这样一个政策将把全部税收看作无变形作用。否则有来自这些税收的预期的变形，

① 由于我们考虑了通货膨胀的许多效应，与金姆洛甫（1985）和伊格（1987）较狭窄的模型一样，没有假设对于货币的最佳税率是费里德曼规则给出的。在效用函数中一旦货币服务不被认为是其他自变量的完全替代物时，这个假设实际上消失。

② 实际货币余额也能够依收入和税收而定，而不改变我们的实质性结论，虽为简化设计，但在我们的大多数分析中我们忽略这些效应。

它们不影响政府的事后行动。当政府选择税收时，规定支付为现行或未来决策的函数，则情况有所不同。这样，一个政府选择税收工具时可能考虑额外的负担，至少在美国，大家常规地认为政府约定税率是理所当然的，所得税率表常常是若干年前就预先立法了，这个约定部分是立法过程时间滞后的结果。

货币政策在许多重要方面不同于财政政策。第一，美国的联邦储备制度能够迅速对改变的形式作出反应，时间滞后较短；第二，美国联邦准备局宣布其有关未来政策的意念，只不过会用非常宽泛的话。这与公布未来税率表不能相提并论，证明中央银行不遵守约定。因此，比确定税局违反规定困难得多。这些考虑并不意味着货币当局的约定是不可能的，声誉的力量可能足够强大、足以保证货币供给始终保持在议定的轨道上，中央银行能否约定未来的行为，还值得商榷，是一个经验性的问题。

承担义务的最优政策可以如此模拟，允许求最大值在时间 t 服从选择一个税率的应变计划并选择未来货币的供给以选择在 $t+1$ 的价格。这一计划，允许税收和通货膨胀依赖所有的 $t+1$ 变量包括 g_{t+1} 和 y_{t+1} 在内的实现，是在家庭选择其货币持有量之前挑选出来的。这样，实际货币需求与利息率是政府选择下一个时期的税和通货膨胀以后确定的。政府选择时间 $t+1$ 的税和通货膨胀时把政府负债的期末存量，b_t+m_t 作为已知的。这个负债存量是政府问题的唯一状态变量，时间 t 的政策选择影响未来的货币需求价值、价格和产值。不过这些负债在货币和债务之间的划分依赖政府在时间 t 中的决策。

保持期末负债存量 b_t+m_t 不变，改变在时间 t 和 $t+1$ 期之间的通货膨胀及在时间 $t+1$ 中的税只影响 t 时期中的利率和实际货币需求以及在 $t+1$ 时期中的产量①。这些改变保持政府收入轨道不变，因此，在最优情况下它们不会影响政府的福利。形式上方程式（6.5.2）隐含着保持 $t+1$ 期末政府债务水平不变，筹措足够的收入以补偿 P_t/P_{t+1} 的变化，税率 θ_{t+1} 的微分变化是：

① $t+1$ 时期内的通货膨胀定义为价格水平在 t 和 $t+1$ 之间的变化。

$$y_{t-1}(1+\in_{\theta})d\theta_{t-1}=\left[-m_t+(R-P_t/P_{t+1})\frac{dm_t}{d(P_t/P_{t+1})}\right]d(\frac{P_t}{P_{t+1}})$$

$$=-m_t(1+\eta)d(\frac{P_t}{P_{t+1}}) \tag{6.5.3}$$

这里我们假定实际报酬 $R=(1+i_t)P/P_{t+1}$ 是常量。在这些符号里，$\in_{\theta}$ 是收入对于税收的弹性，η 是货币需求关于名义利率的弹性。一个政府要使式（6.5.1）中社会损失最小，需服从这个收入约束，并选择满足以下一阶条件的税率和通货膨胀率：

$$\frac{P_t}{P_{t+1}}=\phi\left(\frac{h'(\theta_{t+1})m_t(1+\eta)}{y_{t+1}(1+\in_{\theta})}\right) \tag{6.5.4}$$

这里 $\phi=(-v')^{-1}$，$\phi'<0$。这个表达式使每种收入来源的每单位收入的超额负担相等。

式（6.5.4）说明了对政府支出的正的冲击，增加税收和与它们联系的超额负担，应该伴随着提高来自铸币税的边际超额负担的通货膨胀的增加。它也说明在 t 和 $t+1$ 之间的货币膨胀应该是 m_t/y_{t+1} 的一个递增函数。当这个比值很大的时候，来自给定的通货膨胀率的收入是高的，因为承担了义务，当人民补充被通货膨胀耗尽的货币时，在 $t+1$ 获得来自通货膨胀的收入。当更多的通货被结转时，这些补充较大，而通货膨胀的相对成本比较低。

2. **未承担义务的案例**

当不可能对于通货膨胀进行约定的时候，政府在时间 t 内只能选择在 t 时的税率和价格水平。政府承认在 t 时能够引起意想不到的通货膨胀。当然，如果没有外生的不确定性，在 t 时政府的问题将在 $t+1$ 时知道，因此，在均衡时将没有意想不到的通货膨胀。均衡的通货膨胀率正是在政府不愿引起的任何意想不到的通货膨胀的通货膨胀率①。未承担义务时通货膨胀率将只是有限

① 这个模型的结构类似巴罗和戈登在 1983 年提出的模型，虽然他们不考虑通货膨胀创造的收入。

的，假使它仍然是成本高的，函数 $v()$ 不会退化。

有些人可以论证不能预先约定的政府的通货膨胀成本很低。期望通货膨胀的成本之一，交易成本由于节约在 $t-1$ 的货币储备而增加，对这类政府是不重要的，因为选择 t 时价格水平的政府不能改变 $t-1$ 时货币储备的选择。不过即使通货膨胀是非期望的，仍有许多其他成本。

例如，政府也许不愿意在债务人与债权人之间再分配财富。重新确立财富的原始分配可能需要用扭曲性的税和津贴。甚至非预期的通货膨胀可能以政府不愿意的方式扭曲以后家庭和企业的行为。例如，工人们可能提前谈判合同，企业可能遭受额外的更换价格成本，以及个人可能被迫从事额外的财务交易以恢复其流动性。确实，通货膨胀的成本是由于它对名义合同的有害影响而言的，意想不到的通货膨胀可能比期望的通货膨胀成本高，因为它没有反映在合同上。

在不承担义务的条件下，在 t 时选择税收和价格水平时的唯一状态变量是期初债务总额水平，$\ell_t=b_{t-1}(1+i_{t-1})+m_{t-1}$。政府在 t 时，选择 t 时税率和名义货币余额。这些选择确定利率和价格水平。

在承担义务的政策最优点时，政府对于使下期期初政府债务存量 b_t 不变的一揽子政策中的小扰动必须不介意。因而，可行的扰动满足：

$$y_t(1+\in_\theta)d\theta_t=-\ell_t d(P_{t-1}/P_t) \tag{6.5.5}$$

这个式子不同于在约定案例中的利弊权衡，因为它把货币需求和名义利率对期望的通货膨胀的反应排除在外。找出式（6.5.1）的最高值并使它服从式（6.5.5）给出非约定情况的一阶条件：

$$\frac{P_{t-1}}{P_t}\phi\left(\frac{h'(\theta_t)[m_{t-1}+b_{t-1}(1+i_{t-1})]}{y_t(1+\in_\theta)}\right) \tag{6.5.6}$$

通货膨胀是一个税收和作为 GNP 的一个份额的政府负债总额的正函数。它与承担义务的情况一样，当高固定负担随税收工具发生时，较高的通货膨胀税也将是合适的。有大量名义债务的政府比那些债务负担不重的政府发现通货膨胀更有吸引力，因为通货膨胀侵蚀这些债务的价值，使现有债务得到正效应[①]。

通货膨胀侵蚀政府债务是完全预期的，至少在无随机扰动的模型里如此。不过政府仍然可能积累这种债务存量，只要其乐意支付充分高的名义收益率。甚至通货膨胀可能筹措不到收入：事后从降低债券和货币价值得到的收入可能不足以补偿事前名义利率的提高以及实际货币余额的需求减少。

二、通货膨胀和税收之间的经验关系

这部分将研究在若干国家中和若干时期内的税收和通货膨胀之间的关系以评价前一部分的模型[②]。我们首先考虑与方程（6.5.4）对应的经验式，它在有约定时是有效的[③]。曼金在 1987 年用战后美国数据估计一个与此类似的方程。我们也估计与式（6.5.6）相对应的经验式，此一阶条件在无约定时有效。

为了估计政府最优化隐含的一阶条件，这里必须设定 $h()$ 和 $v()$ 的函数形式，它们分别是征税和通货膨胀的固定损失。我们假设不变弹性函数以便我们的目标函数是 CES（常数替代弹性）福利函数的推广。

$h(\theta_t)=k_1\theta_t^{\alpha+1}$ 和 $v(P_{t-1}/P_t)=k_2(P_{t-1}/P_t)^{1-\beta}$，对 k_1,k_2，α 和 β 是正常数，这隐含着式（6.5.4）能够写成下式：

$$\ln(P_t/P_{t-1})=\gamma_0+\gamma_1\ln(\theta_t)+\gamma_2\ln(m_{t-1}/y_t) \qquad (6.5.7)$$

这里 $\gamma_1=\alpha/\beta$ 和 $\gamma_2=1/\beta$，这个假定放松了曼金（1987）的假定，m_{t-1} 对

---

① 如果政府可以单独地在来自政府公债的收入上征税，那么又是货币水平而非现有名义负债存量影响通货膨胀率。原因是现在有了对公债征税的另一项工具，所以不需要使通货膨胀依赖它们的存量。

② 在我们的假定下，斐休假设有效，经验结果不依赖是通货膨胀还是名义利息率被用作因变量。曼金在 1987 年使用两个因变量在美国时间序列中均发现类似的结果。

③ 如果政府能对公债征税，它在一个没有约定的世界中也是有效的。

y_t 的比率是常数。

如果函数 $h()$ 和 $v()$ 是不变的和正确设定的，方程（6.5.7）将成立而无误差。我们的模型的这种字面形式容易被否定。不过我们的兴趣不在于检验理论能够解释在税收和通货膨胀之间的精确联系的命题，而在于探索是否理论能够解释这些序列的运动的一大部分。我们简单地在式（6.5.7）中增加一个误差项 $\in_t$ ，并对于若干个国家估计所得方程，以检验高税倾向与高通货膨胀联系的预言。

这里的估计使用五个国家的年度数据：美国、英国、法国、德国和日本。这里的分析限制在中央政府的税收，因为它是选择货币政策的政府，用每个国家的消费品价格度量的价格指数，是年度的平均值。货币和债务存量按年中数值或年平均数度量。因为通货膨胀和税率都是高度持续的，式（6.5.7）的普通最小二乘法估计可得到两个数列的趋势。我们由此对式（6.5.7）加上一个时间趋势和估计量所得方程，考虑到残差自相关，或者我们对式（6.5.7）求差分和用普通最小二乘法估计所得设定。

下面开始分析美国的时间数列证据，用税率 θ_t 的两个度量。第一个是联邦政府税收对 GNP 的比率，两者都度量为在日历年内的流量。如果政府选择它的税收工具的最优混合，税收对 GNP 的比率是税收扭曲程度的一个总结统计量。这是一个粗略的税收率，并且它是一个长时期的度量。税收负担的第二度量是劳动收入的加权平均边际税率，它是巴罗和萨哈斯库尔在 1986 年计算的。其税收度量，包括联邦所得税和社会安全税，从 1916—1985 年都有。这里数据的局限性约束样本期从 1890 年开始，即我们用 T/GNP[①] 为我们的税收度量[②]。

---

① T/GNP 表示税率度量，为税收对 GNP 的比率的方程式。

② 美国的消费价格指数见《美国的历史统计》，并用《总统的经济报告》予以更新。货币存量是费里德曼和施瓦茨在 1982 年中报告的高效货币存量，利息率是名义通知贷款利息率，也在费里德曼和施瓦茨的报告中，并由作者们予以更新。政府的债务是对每年 7 月 1 日公众持有政府债务存量的测量，在联邦储备委员会的《银行和货币统计》里报告。

为各个不同的样本期估计方程式（6.5.7）的结果在表6—5中列出。对所有样本期税率与通货膨胀正相关，但是这个相关的程度在第二次世界大战以后时期最强。对于1891—1986年的整个时期，税率在GNP中的份额增长10个百分点预示通货膨胀率增长0.5个百分点。不过税率和趋势解释少于通货膨胀率变量的6%。在有趋势的AR（平均收益）（1）和差分方程中估计量是类似的，在后面的方程中税率对通货膨胀的影响稍大一些。在1919年以来不包括第二次世界大战期间，估计系数接近那些全部样本的结果，虽然税收对通货膨胀无影响的零假设不能在标准水平上排除。

当样本限制在第二次世界大战后期时，这个结论是相反的。当税收增加GNP的10%，提高通货膨胀率近3.4%，并且影响系数的估计比较长的样本期准确得多。当巴罗—萨哈斯库尔的边际税率序列被用来代替税收与GNP的比率时，估计税收增长对通货膨胀的影响是较小的。边际税率增高10个百分点，提高通货膨胀率低于2个百分点。

表6—5内全部样本方程中 $\log(m_{t-1}/y_t)$ 的系数是负的，虽然假设它是零，不能在标准置信水平上排斥。因为这个变量的系数为 $1/\beta$，负参数估计与式（6.5.7）下面的原理是不相容的。负参数估计量显然是战前样本，因为第二次世界大战后期的估计提示货币—收入的比率对通货膨胀率有正影响。上述同样系数模式，较长的样本为负数，并且战后时期为正数，出现在AR（1）和差分估计中①。

在战后时期制度的变化，特别值得注意的是1973年从固定的汇率转换为灵活的汇率，将影响连接税收与通货膨胀率的系数的稳定。我们检验这个可能性允许式（6.5.7）中的系数与1973年以前和以后不同，常系数的假设在

---

① 曼昆舍弃 m_{t-1}/y_t 变数，假定数量方程有效，这样 m_t/y_t 是常数，并且假定观测值是互相充分接近的，因此在 m_t 和 m_{t-1} 之间的差别可以忽略。为了证明我们的结果不是因为我们包含了 $\log(m_{t-1}/y_t)$，我们也估计一个修改的式（6.5.7），舍弃这个变数。估计的税率变数的系数稍微下降，并且标准误差增加。关于在税率和通货膨胀之间的联系的总结论不受这个设定变化的影响。

表 6—5　　通货膨胀和税率的美国时间序列证据

样本/税率	常数	税率	水平的设定 M/Y	趋势	AR(1)	R^2	常数	差分设定税率	M/Y	R^2
1891—1985/TGNP	0.093 (0.088)	0.051 (0.024)	-0.050 (0.031)	-0.0011 (0.0008)	0.579 (0.084)	0.052	-0.001 (0.004)	0.062 (0.032)	-0.072 (0.059)	0.031
1919—1940，1946—1985/TGNP	0.039 (0.113)	0.039 (0.034)	-0.022 (0.034)	0.0002 (0.0012)	0.411 (0.118)	0.157	-0.003 (0.006)	0.063 (0.057)	-0.078 (0.078)	-0.002
1919—1940，1946—1985/MTR	0.043 (0.105)	0.030 (0.023)	-0.017 (0.030)	-0.0001 (0.0012)	0.409 (0.118)	0.163	-0.003 (0.006)	0.059 (0.041)	-0.082 (0.078)	0.013
1946—1986/TGNP	0.572 (0.145)	0.320 (0.074)	0.205 (0.056)	0.007 (0.002)	0.543 (0.148)	0.452	0.009 (0.004)	0.334 (0.069)	0.294 (0.064)	0.464
1946—1986/MTR	0.382 (0.145)	0.177 (0.059)	0.170 (0.062)	0.004 (0.002)	0.542 (0.141)	0.334	0.0007 (0.0041)	0.184 (0.059)	0.271 (0.072)	0.090

注：估计对应正文中式（6.5.14）。标准误差在括号内表示。所有的方程是用普通最小二乘法估计的。TGNP 表示税率度量，为税收对 GNP 的比率的方程式；MTR 表示应用劳动力收入的估计边际税率的方程。

长期样本期上估计的任何方程中，1891—1985 年或 1919—1985 年，不能拒绝[①]。不过在战后时期，AR（1）方程经不住小样本的稳定性检验，而差分方程并非如此。我们检查这个失败的根源，限制 γ_1 和 γ_2 为常数，然而 1973 年前后的截距和趋势系数不同。恒定的零假设对于这个系数子集未能否定；当税率变量是 T/GNP 时，$x^2(2)$ 统计量是 1.96，如是巴罗—萨哈斯库尔的边际税率数列，则是 3.66［一个 $x^2(2)$ 随机变数的 0.05 临界值是 5.99］。

这里对美国的观测结果加强了以战后时期为基础的曼昆（1987）的结论。不过为了评价通货膨胀和税率之间的正关系是否经得起考验，这里考虑来自四个其他国家的数据。对法国、德国和日本，引用来自国际货币基金《国际金融统计》战后时期的数据编制税收对 GNP 的比率和通货膨胀率[②]。更详尽的数据可以从英国得到。对 1872—1985 年时期，我们编制税收对 GNP 的比率用的数据来源于《英国历史统计》和各年《年度统计提要》。年度价格指数是用零售价格指数（1948 年以后）和《统计学家》价格指数度量的[③]。

表 6—6 报告了对这四个国家的式（6.5.7）的估计。在美国的数据中通货膨胀与税收之间出现的正联系是不能够一般化的。法国和英国数据在税收水平和通货膨胀率之间显示出了统计学上显著的负关系。在德国关系又是负的，虽然估计的系数的标准误差对于拒绝税收无影响的零假设而言太大了。只有日本的数据证实美国在通货膨胀和税收之间正相关的发现。

---

① 当式（6.5.7）按水平估计并有 AR（1）校正时，不变系数对 1891—1985 年样本假设比检验统计量是 4.26，并且对 1919—1940 年，1945—1985 年样本为 5.92，这两个检验都有四个自由度（常数和时间趋势系数也允许改变）。x^2（4）分布的 0.05 水平是 9.50。

② 消费价格指数年度平均、储备货币、现存政府债务、国内生产总值，以及通知贷款利率的数据，是从《国际金融统计》引发的。在有些情况中这些数列连接在一起，使用的数值从若干个不同的《国际金融统计》出版物和国内统计中得来。中央政府税收在联合国国民核算报告中得来。

③ 高效货币的利率和存量是从弗里德曼和施瓦茨在 1982 年得出的。政府债务存量是从《美国历史统计》中得出的，并用年度统计摘要更新。我们使用来自金本位的数据隐含一种观念，当英镑用一种商品度量时也有铸币税，只要政府持有的黄金存量与政府通货无关，就可能有铸币税。

表 6－6　通货膨胀和税率的国际证据

样本	常数	税率	水平的设定 M/Y	趋势	$AR(1)$	R^2	常数	差分设定税率	M/Y	R^2
法国 1948—1985 年	－0.332 (0.250)	－0.681 (0.123)	0.252 (0.076)	0.013 (0.003)	0.805 (0.095)	0.647	0.011 (0.008)	－0.589 (0.129)	0.302 (0.075)	0.598
德国 1954—1984 年	0.175 (0.130)	－0.041 (0.107)	0.088 (0.038)	0.0014 (0.0011)	0.595 (0.159)	0.121	0.0014 (0.0022)	－0.084 (0.112)	0.076 (0.039)	0.077
日本 1955—1984 年	1.264 (0.337)	0.313 (0.226)	0.228 (0.103)	－0.008 (0.004)	0.796 (0.121)	0.349	－0.011 (0.007)	0.472 (0.230)	0.187 (0.101)	0.440
英国 1872—1984 年	0.734 (0.235)	－0.243 (0.051)	0.778 (0.044)	0.010 (0.002)	0.957 (0.026)	0.755	0.011 (0.005)	－0.236 (0.050)	0.789 (0.044)	0.765
英国 1947—1984 年	－0.501 (0.170)	－0.094 (0.081)	0.425 (0.076)	0.015 (0.003)	0.772 (0.103)	0.502	0.015 (0.005)	－0.130 (0.085)	0.468 (0.076)	0.527

注：估计值对应原文中式（6.5.7）。标准误差在括号中显示。方程是用普通最小二乘法分别对每个国家估计的，没有跨方程约束或同期残差相关因素。

税负增加 GNP 的 10% 在 $AR(1)$ 设定中估计提高通货膨胀率 3.1%，而在差分模型中为 4.7%。在表 6—6 中每一个方程里货币对于收入的比率的估计影响为正，与之对比，美国常常为负系数①。

这里对表 6—6 中的方程重复我们的子样本稳定性分析。γ_1 和 γ_2 的不变性对英国、德国或日本没能否定。不过在法国，有参数不稳定的证据。在式（6.5.7）中所有的系数在 1974 年自由变化，γ_1 的 1974 年前估计量是—0.56（0.10），对于 1974 年以后估计的变化为 0.79（0.63），不过大多数否定参数恒定性的证据由货币对收入比率的系数变化引起。1974 年前估计量是 0.53（0.08），而变化是—0.51（0.13）。

表 6—6 的前四行报告了式（6.5.4）的每个国家的估计量。这些估计量忽视了关于一个国家通货膨胀率的信息可能包含在其他国家的同时经验中。为了补救这个问题，我们对于战后时期所有的国家同样估计方程，用似乎不相关回归技术。估计结果列入表 6—7，而与表 6—6 里各国的结果十分相似。表 6—7 最后一行报告的估计量约束 γ_1 和 γ_2 为跨越国家的常数。水平方程产生用一个小的和统计不显著的系数连接税率和通货膨胀率。在差分设定中，虽然单独估计时，五个国家的三个显示负的系数，γ_1 的受约束估计量是 0.11（0.03）。不过在两种设定中，常数 (γ_1, γ_2) 横越国家的假设明显地被否定②。所以我们主要集中注意无约束的结果，它在五个国家的三个中产生通货膨胀和税率之间的负相关。

这里未能发现税率和通货膨胀之间的正相关可能是由于一个错误的设定。我们假定政府能够预先约定或可以对现有政府债务征税而不求助于通货膨胀。如果这些假定是错误的，联系税收和通货膨胀率的一阶条件是式（6.5.6），它包含政府的现有负担利息的债务。在用以从式（6.5.4）推导式（6.5.7）

---

① 和在美国数据集中一样，把 log（m_{t-1}/y_t）排除在外不影响观测结果的大概特性。法国和英国继续显示统计显著在税收变量上的负系数。对于日本来讲，当我们排除货币对收入的比率在外时，税收变量和通货膨胀甚至有更强的正相关。最后德国的税收份额系数从有 ln（m_{t-1}/y_t）的方程里为负到没有这个变量为正，但系数在统计上从来不是显著的。

② 似然比检验［零假设下分布为 $x^2(8)$］在水平设定上是 52.6，并且在差分设定上为 64.1。

表 6—7　　通货膨胀和税率的国际证据：似乎无关回归结果

样本	常数	税率	水平的设定 M/Y	趋势	AR(1)	常数	差分设定税率	M/Y
法国 1948—1985 年	-0.506 (0.349)	-0.575 (0.109)	0.221 (0.067)	0.0078 (0.0018)	0.899 (0.072)	0.0080 (0.0071)	-0.541 (0.110)	0.222 (0.064)
德国 1954—1984 年	0.095 (0.147)	-0.073 (0.086)	0.097 (0.032)	0.0014 (0.0008)	0.557 (0.152)	0.0013 (0.0018)	-0.100 (0.084)	0.087 (0.028)
日本 1955—1984 年	2.106 (0.360)	0.544 (0.162)	0.181 (0.074)	-0.0113 (0.0029)	0.969 (0.048)	-0.0096 (0.0047)	0.519 (0.158)	0.152 (0.071)
美国 1948—1985 年	0.312 (0.130)	0.172 (0.057)	0.074 (0.062)	0.0029 (0.0018)	0.493 (0.104)	0.0066 (0.0043)	0.213 (0.054)	0.224 (0.071)
英国 1948—1984 年 约束	0.025 (0.104)	-0.017 (0.060) 0.0029 (0.0337)	0.265 (0.060) 0.123 (0.025)	0.0098 (0.0021)	0.601 (0.088)	0.0130 (0.0050)	-0.018 (0.060) 0.106 (0.033)	0.410 (0.058) 0.142 (0.024)

注：估计值对应正文中式（6.5.7）。标准误差显示在括号中。通过看似无关的回归估计方程，在级别系统中，每个方程式允许 C_1 和 C_2 的自由参数的系统的似然值是 489.63，差异为 486.25，约束系统的似然值允许自由截距以及（在第一系统中）时间趋势和自相关系数，分别是 463.63 和 454.18。

的同样参数假设下，我们估计的式（6.5.6）推导的形式是：

$$\ln(P_t/P_{t-1}) = \gamma_0 + \gamma_1\ln(\theta_t) + \gamma_2\ln\{[b_{t-1}(1+i_{t-1}) + m_{t-1}]/y_t\} + \in_t \quad (6.5.8)$$

因为较早的结果提示差分和有时间趋势的自回归修正产生相类似的结果，所以我们只展示后者。

表6—8报告了式（6.5.8）在我们的样本中全部五个国家的估计量。纳入广泛的政府债务变量不能显著改变我们对税收和通货膨胀之间相关的估计。特别是，英国和法国的税率系数仍为负的并在统计上显著，日本和美国的结果是正的和显著的，而德国的结果在统计上不显著。广义负债度量与通货膨胀的相关比不上 $\ln(m_{t-1}/y_{t-1})$。对德国和日本总负债变量的点估计是负的（即符号错误），而货币对GNP的比率具有前述理论预测的符号。

仅包含货币对GNP的比率的模型，相对于有总的政府负债作为GNP的份额的模型的优越性，可用估计列入两个变量的回归方程来证明。这等价于零假设的非重叠假设检验，即一个变量影响通货膨胀率对于其他变量影响它。对于美国、德国和日本，列入两个变数产生负债变量上的负系数，但是货币变量上是正的和有通常统计显著的系数。对于法国两个变量有正的及有统计不显著的系数；而对英国，两个变量的系数是正的和有统计显著的系数，但是货币系数约为广义负债度量上的系数的三倍。综合起来，结果更支持列入滞后货币对GNP的比率的设定而非政府负债总水平①。

一位被征求意见的人士主张通货膨胀和税收对GNP的比率受许多共同因素影响，一个更恰当的理论检验将集中在政府支出的变化导致的各自变差。我们做了这样的检验，用工具变数（*IV*）估计式（6.5.7），T/GNP作为内生变量处理和使用政府消费对GNP的比率作为一项工具（见表6—9）。就美国

① 按照最优税收的标准理论，使用任何滞后信息像过去的通货膨胀率那样，税率变化将是不可预测的。这篇论文的一个较早期的版本探讨税率变化和通货膨胀水平之间的联系，产生实质性证据，在美国、英国和法国，通货膨胀率预测未来税率变化。这些观测结果与萨哈斯库尔的观测结果相关，税率对支出中的临时变化作有力回应，它是驳斥标准理论的证据。

表 6—8　通货膨胀、名义负债及税率：国际证据

国家样本	税率度量	常数	税率	政府负债	趋势	ρ	R^2
法国 1948—1985 年	T/GNP	-0.778 (0.108)	-0.770 (0.119)	0.259 (0.099)	0.0185 (0.0043)	0.709 (0.119)	0.643
德国 1954—1984 年	T/GNP	-0.0024 (0.1410)	0.037 (0.108)	-0.029 (0.028)	0.0012 (0.0013)	0.530 (0.167)	0.043
日本 1957—1983 年	T/GNP	1.178 (0.346)	0.841 (0.222)	-0.167 (0.043)	-0.063 (0.003)	0.447 (0.185)	0.352
英国 1872—1984 年	T/GNP	-1.335 (0.317)	-0.479 (0.060)	0.693 (0.049)	0.0085 (0.0034)	0.976 (0.016)	0.669
英国 1847—1984 年	T/GNP	-2.733 (0.535)	-0.241 (0.087)	0.594 (0.098)	0.025 (0.005)	0.900 (0.062)	0.539
美国 1891—1985 年	T/GNP	0.201 (0.082)	0.074 (0.024)	-0.055 (0.019)	-0.0001 (0.0007)	0.513 (0.089)	0.115
美国 1946—1985 年	MTR	0.311 (0.186)	0.184 (0.062)	0.063 (0.043)	-0.0003 (0.0020)	0.678 (0.121)	0.228
美国 1946—1985 年	T/GNP	0.414 (0.184)	0.288 (0.079)	0.071 (0.042)	0.0022 (0.0017)	0.700 (0.119)	0.301

注：估计量对应式（6.5.8）。括号内数值是标准误差。所有的方程是用普通最小二乘法估计的。

表 6—9　　通货膨胀和税率：工具变量估计

样本	常数	税率	水平的设定 M/Y	趋势	AR(1)	常数	差分的设定税率	M/Y
法国 1950—1985 年	0.038 (0.465)	-0.021 (0.340)	0.011 (0.076)	0.0016 (0.0040)	0.530 (0.150)	-0.0110 (0.3601)	1.320 (3.5700)	0.201 (1.130)
德国 1954—1984 年	0.238 (0.148)	0.005 (0.130)	0.092 (0.054)	0.0009 (0.0013)	0.580 (0.160)	0.0001 (0.0040)	0.081 (0.510)	0.066 (0.050)
日本 1957—1983 年	0.871 (0.369)	-0.047 (0.236)	0.325 (0.109)	-0.0025 (0.0040)	0.570 (0.170)	-0.124 (0.435)	7.440 (26.570)	-1.820 (7.670)
英国 1947—1985 年	-0.440 (0.213)	-0.066 (0.116)	0.473 (0.107)	0.016 (0.004)	0.780 (0.100)	0.018 (0.006)	-0.003 (0.200)	0.505 (0.082)
美国 1946—1985 年	0.612 (0.163)	0.340 (0.083)	0.190 (0.060)	0.0060 (0.0020)	0.540 (0.150)	0.015 (0.012)	1.077 (0.889)	0.497 (0.303)

注：估计量对应原文中的式（6.5.7）。税率作为内生的和方程用工具变数估计，用政府消费对 GDP（国内生产总值）的比率的对数作为 *log*（T/GNP）的工具。标准误差显示在括号里。

而言，IV 的结果与普通最小二乘法的结果相似，但是对于其他国家，γ_1 的变化不规则和标准误差大为增高，使得不可能引出任何可靠的结论。$\gamma_1 = 0$ 的零假设对于除美国之外的任何国家，不能由 IV 的结果否定。

三、结论

政府使用税收和通货膨胀两者增加收入，同时试图使总的固定损失最低的见解不能解释我们的发现，较高的税收联系较高的通货膨胀和联系较低通货膨胀一样常见。在美国时间序列数据中通货膨胀和税率之间的正联系被引用以支持货币和财政政策的优化政府模型，而在其他国家没有这种正联系。可以提出若干解释以说明我们的结果。一个是政府不能频繁地调整税收结构，以实现最优模型隐含的一阶条件。这个观点隐含在费尔德斯坦和其他人的作品里，他们认为通货膨胀对税收负担的效应大部分是偶然的和非期望的。不过，甚至当税收规则变化成本很高时，制定政策者可以实施上述税收和通货膨胀之间的联系。例如非指数税收系统在通货膨胀时期内增加公司税收负担，因为折旧基于历史成本产生税率和通货膨胀之间的正联系。

我们认为更有前途的第二个可能性是，指导通货膨胀和税收政策的政府目标函数随时变化。人们见到的通货膨胀和税收的成本可以因当权政治党派的改变，投票人偏好的转移或交易或收税技术的变化而变化①。“政治经济周期”模型，预测政治人物的政策偏好的变差，或多党派政府的模型，包含政治人物在各个时期的变更，能够解释我们的观测结果。阿莱西纳和萨克斯（1988）对美国不同政党有不同的宏观经济偏好的见解提供支持，和希布斯用文献说明各个时期美国全体选民的通货膨胀—失业偏好的变更。如果愿容忍通货膨胀的政府也喜欢一般扩张政策，因而总收入在高通货膨胀时期将下降，

① 巴罗（1987）的分析准许偏好以此方式移动，因为政府偏好的利率随时变化。罗格夫和赛伯特（1988）的预算周期模型能够反映政府偏好。

加强通货膨胀—税收的负相关[①]。

负的通货膨胀—税收相关由不稳定的政府支持，政府较稳定和政党较少分歧的国家，如第二次世界大战后的日本和美国，呈现正的税收—通货膨胀相关。政治较不稳定的国家，如英国和法国，倾向于呈现负相关。罗比尼和萨克斯对政治结构和财政政策之间的联系提出了有趣的证据。进一步的工作可以有益于探索政治制度或社会结构的其他方面对通货膨胀—税收的相关有何联系。

① 这个可能性的制定货币政策是固定的以稳定目标为基础，而不是固定损失极小化的可能性，这不能解释我们的观测结果，传统的凯恩斯政策将要求减轻税收负担和增加货币存量。不过观察的税收和通货膨胀之间的相关仍然可能是正的。因为稳定政策对冲击作出响应。当外部原因使经济放慢时，通货膨胀和税收在 GNP 中的份额可能下降。如果政府回应，货币扩张伴随减税，税收对 GNP 的比率将明显低于没有冲击和相关的稳定。通货膨胀也将较低，除非稳定政策超过了补偿它想校正的扰动。

第七章

抑制通货膨胀的政策主张

新古典综合派是凯恩斯革命之后最具有影响力的学派，代表著作是萨缪尔森的《经济学》。在抑制通货膨胀的经济政策上，其主张运用财政政策和货币政策调节总需求以减少失业、消除危机。在财政政策方面，主要采取投资赋税优惠、削减消费税、削减失业津贴和控制政府支出等；在货币政策方面，主要采取逐步减缓货币供应量的增长速度，控制实际利率；在经济制度上，主张混合经济论，即公私机构共同对经济施行控制；采取收入和劳工政策。收入政策主要采取对工资、物价实行指导性限制、以税收为手段的限制和强制性限制三种形式；而劳工政策主要采取培养和训练劳动者，提高他们的就业能力，克服结构性失业三种形式。

第一节　战后资本主义国家抑制通货膨胀失败的教训

第二次世界大战之后，主要资本主义国家处于“爬行式”的通货膨胀，国民收入的再分配更有利于垄断资本家，广大民众却处于水深火热之中。这就是凯恩斯主义所谓“有控制的调节”资本主义经济。而这个时期所采取的经济政策最终以失败而告终。到了20世纪70年代，主要资本主义国家的通货膨胀出现了“奔马式”的现象，已经处于失控发展的状态。国民收入的再分配不仅在垄断资产阶级和广大民众之间进行，而且在资产阶级内部进行着。这种失控的通货膨胀严重地破坏了资本主义经济的“稳定性”，加剧了资本主义社会固有的矛盾，使通货膨胀成为资本主义国家面临的重大难题。正如美国前总统福特概括的：我们目前的头号公敌通货膨胀——除非加以制止——将肯定和任何装备精良的敌人一样，毁灭我们的国家，我们的家园，我们的自由，我们的财产，最终将破坏我们的民族自尊心。此时，通货膨胀已经远远超出了资本主义国家政府所能控制的范围，危及资本主义制度的存在和垄断资产阶级的根本利益。为了支撑即将衰竭的资本主义制度，政府当局不得不从实行通货膨胀政策转变为局部地采取“反通货膨胀”政策。

这些抑制通货膨胀政策有：20 世纪 50 年代的四次“紧缩措施”、20 世纪 60 年代的三次“紧缩措施”、20 世纪 70 年代“严厉的紧缩措施”和“抑制总需求措施”。当时的美国总统福特上台后召开了十多次最高级别的经济会议，专门研究对付通货膨胀问题。西欧和日本也多次采取不同形式的“抑制需求”的紧缩财政、金融和控制收入增长等政策压抑国内消费；对外实行鼓励出口、限制进口措施，试图将通货膨胀的困难转嫁他国。具体表现在以下五个方面。

一、增加税收，减少民众的购买力

为了减少财政赤字，吸收流通中过多的货币，资本主义国家往往采取增加税收的办法。在抑制通货膨胀的掩饰下，从所谓的“公正性原则”转变成“有效性原则”，抑制通货膨胀名义下增加的税收负担基本都要广大民众承担。特别是美国当时的总统福特提出的十点抑制通货膨胀措施中，对个人和公司各征收 5%的附加税。根据这项措施，政府从公司增加的税收额为 21 亿美元，从个人增加的税收额则为 26 亿美元，个人比公司的增税额多 5 亿美元。在规定对公司增税的同时，规定对公司设备投资给予优惠免税的待遇和其他许多减税措施，使公司除了补偿增加的 5%附加税外还有剩余；而对个人增加 5%

附加税的措施，给 6500 万中下等收入民众的生活带来严重的影响。实际上，这种增税措施是“将收入从个人转送到企业家身上[①]”。即使小部分税收落在垄断资本家身上，最终又会迅速地以更高的比例通过垄断价格转移到消费者身上。而由于中小资本受垄断资本的控制，其税收负担不那么容易转嫁到物价上去，同样会受到很大的损失。

另外，部分资本主义国家为了吸收社会购买力，采取了变相增加税收措施，比如提高公用事业收费标准。有些资本主义国家，铁路、电力、煤气、邮电、公共交通等企业是由国家经营或受国家控制的，增加这些部门的收费标准，既增加了国家的财政收入，又减少了社会购买力。可是这种措施同样会加重广大民众的负担，因而往往会遭到民众的强烈反对。

二、削减社会福利事业开支的财政政策

为了抑制通货膨胀，平衡预算，资本主义国家常常会采取削减财政支出的措施。对于财政预算中庞大的军费支出和刺激垄断资本生产的政府采购项目却削减得较少，有时会有增无减。在抑制通货膨胀的名义下，削减社会福利事业的开支，包括政府用于文化、教育、卫生及社会救济等方面的开支。在美国 1977 年度的预算中，军事开支比上一财政年度增加了 8.6%，约 80 亿美元，而很多项与劳动人民生活有关的福利开支预算却被削减了。其中失业补贴比上年度削减了近 30 亿美元，补助穷人的食品券支出削减了 9 亿美元，退伍军人福利开支削减近 20 亿美元，三项合计约是军费支出增加额的3/4。这些项目主要来源于广大民众所缴纳的税，它削减到最低限度会使广大民众的生活水平严重下降。可谓“穷人最需要政府救济补助，如学校午餐、公共医院、各种救济方案，政府则削减这些开支来向通货膨胀作战”。所以，将削减财政支出作为抑制通货膨胀的手段不利于广大民众。

---

① 美国民主党俄亥俄州众议员瓦尼克对附加税的谈话。

三、紧缩信贷，提高利率政策

这是资本主义国家政府常用的抑制通货膨胀的金融措施。第二次世界大战后罕见的高贴现率实质上是通过提高中央银行的再贴现率，促使商业银行提高贴现率，收缩对工商企业的信贷额。美国曾在1973—1974年实行了战后最严厉的紧缩信贷的措施，使联邦贴现率提高至8%；商业银行优惠利率高达12%。1978年联邦贴现率继续攀升至9.5%；而英、法等国中央银行贴现率也高达12%～13%；日、意、西德等国的在7%～9%。另外，这些国家通过抛售公债和提高会员银行存款准备金的比率等措施压缩信贷、紧缩银根。但这些紧缩措施对垄断资产阶级的借贷并没有什么约束力，因为垄断企业和金融资本融合在一起，仍然可以从大银行那里以较低的优惠利率获得大量贷款。再加上因通货膨胀引起的货币贬值，尽管利率上升较高，垄断企业从债务中还是可以获得很多的利益，也可以通过跨国公司从国外调入资金冲破国内的紧缩措施，使紧缩信贷的措施受到严重影响。中小资本家竞争能力相对较弱，资金量相对较小，在银根吃紧的情况下无处贷款或只有用比垄断资本家高很多的利率才能筹措到一些款项，需要付出高昂的利息，因此，仍会造成资金周转的困难。1974年美国银行对大公司的贷款利息为10%～12%，对中小企业的贷款利息却高达16%～18%；但中小企业仍然很难借到钱。所以，中小资本家在紧缩信贷的措施下都会亏损或破产。而承受不了信贷利率的负担而破产的消费民众更是数不胜数。

四、实行工资物价管制措施

资本主义国家政府经常以抑制社会需求为借口，实行各种“收入政策”，对工资、物价进行冻结或管制。美国曾经对所有行业从业人员实行工资“指标”公式。规定工资的增长率不得超过官方规定的劳动生产率年平均增长率的3.2%。这种劳动生产率的增长速度远远低于真正产业工人创造的劳动生产率增长速度。此外，所谓按劳动生产率调整工资时，只是名义工资增长，并未扣除物价上涨因素。1966 年以后，生活费用急剧上升，工人实际工资大大下降。经过工人多次罢工斗争，1968 年约翰逊政府被迫取消该“指标”公式。1971 年 8 月尼克松政府正式实行工资物价管制措施[①]。但由于物价管制留有许多漏洞，在管制期间的不同阶段，价格照样分别上涨 2%、3.6%、7.4%、12.3%。可见，管制物价是假，管制工资是真。这一点负责管制的政府官员韦伯也承认，他表示：工资物价管制的真实目的是管制工资。在广大民众的强烈反对呼声下，1974 年宣告撤销管制。同样，西欧等国和日本战后大都也实行过工资“指标”公式和工资物价管制措施，对于物价上涨的控制并不奏效，并且这些管制措施严重地损害了广大人民的利益，遭到强烈反对，最终均以失败而告终。

五、鼓励出口、限制进口的国际收支政策

各资本主义国家为了减少国际收支逆差，抑制国内通货膨胀的发展，在不同程度上实行了奖励出口、限制进口的政策。在奖励出口方面，主要是由政府提供出口补贴或贷款和汇率下调，实行货币贬值等降低本国商品在国际市场上的价格，实行商品倾销；在限制外国商品进口方面，采取各种关税壁垒或非关税壁垒的措施。美国曾在 20 世纪 70 年代初，通过两次美元贬值，对美国商品的出口创造了有利的条件。而 1974 年意大利规定，凡购买外国物资者需向意大利银行缴存货值的一半，以六月为期，不付利息，目的就在于限制进口。这种奖出限入政策可以大量增加垄断资本家的利润，而大量出口补贴却落在国内广大纳税者身上。另外，出口量的增加减少了国内的商品供应量，加剧了国内通货膨胀的发展。而限制进口也会使进口商品价格提高，造成国内商品价格的上涨。将通货膨胀转移他国的办法也是有一定限度的。

① 南开大学经济研究所世界经济研究室，等．通货膨胀概说［M］．北京：商务印书馆，1979.

因为，在世界性通货膨胀的条件下，各资本主义国家都在采取奖出限入政策，国外市场的容量很难扩大，相反还会引起各资本主义国家之间激烈的贸易战与货币战。可见，战后资本主义国家的抑制通货膨胀措施是垄断资本家对广大民众进行掠夺和剥削的一种方式，根本不可能有效地抑制通货膨胀。正像西方报刊评论的：迄今为止，全球性通货膨胀的病毒使各种各样的处方都失败了，令人不安的是，没有人确切知道如何对付通货膨胀，连专家们也不免有些绝望。美国的一份官方报告承认：实行过很多制止通货膨胀的方案，但并无持久成效。通货膨胀像一个九头怪兽，每次割去它的一个头，又长出两个新头①。美国经济学家弗里德曼表示：消灭通货膨胀事实上的失败，只好让通货膨胀率由低水平加速发展到惊人的高水平②。可见，尽管资本主义国家不断地实行抑制通货膨胀计划，通货膨胀反而越来越厉害。

所以，战后资本主义国家抑制通货膨胀的失败不是偶然的，而是垄断资本主义制度决定的。资本主义国家的虚假繁荣是靠通货膨胀的刺激维持的，一旦削减财政开支，紧缩信用，生产就会立即受到影响，经济危机就会迅速到来。

综上所述，战后资本主义国家抑制通货膨胀的各种失败措施为我们提供了教训。垄断统治阶级也不可能实行真正有效的抑制通货膨胀的措施。

第二节　抑制通货膨胀的政策主张

在本章第一节中，我们已经讲述了战后资本主义国家抑制通货膨胀政策和措施的失败。抑制通货膨胀，降低通货膨胀率，不仅是经济稳定发展的需

---

① 美国总统经济顾问委员会1974年的年度报告。

② 艾·弗里德曼．通货膨胀，世界性的灾难［M］．北京：中国大百科全书出版社，1974.

要，也是广大民众的愿望。造成通货膨胀的原因不同，解决它的方法也应该不同。如何抑制通货膨胀？应当采取什么政策？通常情况下要看通货膨胀是由需求方面还是由供给方面引起的，然后入手解决，抑制通货膨胀的政策有以下几种。

一、紧缩性财政政策

紧缩性财政政策通过预算影响支出和投资。现代社会经济中抑制支出的一个重要方法是改变分期付款购买方式。通过紧缩财政支出、增加税收、谋求预算平衡、减少财政赤字来减少总需求并降低物价水平。具体办法有投资赋税优惠、削减消费税、削减失业津贴、控制政府支出等。通过控制总需求达到消除通货膨胀的目的。

二、紧缩性货币政策

需求是由厂商和个人手中可支配的货币量决定的，因此可以通过调节货币的供给和支出控制通货膨胀。调节货币供求又有许多不同的方法，货币主义的措施是由银行或其他金融机构直接影响货币供应。比如，通过减少流通中的货币供应量来减少总需求，降低物价水平。可以通过中央银行出售政府债券、提高贴现率和再贴现率、提高商业银行法定存款准备金率（逐步减缓货币供应量的增长速度，控制实际利率）的货币政策工具来实施。上述各种对付通货膨胀的方法，即使不能降低价格也至少能降低价格的上涨率；反过来又会抑制经济活动的水平，产生经济增长慢、失业增加的副作用。

三、紧缩性收入政策

由于工资、利润等成本上升而造成的通货膨胀，可以通过收入政策或其他供给措施解决。比如，通过控制工资的增长来控制收入和产品成本的增加，进而控制物价水平。一般有指导性限制、以税收为手段的限制、强制性限制三种。

四、劳工政策

培养和训练劳动者，提高他们的就业能力，克服结构性失业。

五、供给政策

通过降低税率，刺激储蓄和投资，从而增加商品和服务，消除总需求与总供给的缺口。

总之，各种抑制通货膨胀措施的总效果是控制长期价格趋势。因此，从根本上降低通货膨胀的措施是收入政策，也就是控制住各生产要素的收入。但是由于各种要素所有者集团很少为了经济的普遍高涨而合作，这个政策只是在理论上可行，实际实施时有很大的困难。

第三节 抑制通货膨胀的建议

要想抑制通货膨胀，并不是一件容易的事情。货币数量的过度增加导致了通货膨胀，换句话说，货币数量的过度增加是通货膨胀的原因，所以抑制通货膨胀的好办法就是降低货币增长率。当一个国家通货膨胀开始发生时，最初看不到什么不良后果，增加的货币数量还可以使政府宽裕一些，就业量也会由此而增加，生意兴隆，大多数人也很乐意。然而，增加的开支会使物价逐渐上涨，职工会发现工资虽然上涨了，但买不到之前那么多的东西；企业家也会发现成本不断上升，如果不能迅速地提高价格，销售额的增加就不能带来预期的利润。此时物价上涨，需求缺乏弹性，通货膨胀与经济停滞同时发生的不良效果就会显现。接下来货币数量会更快增加，这些产生的越来越大的货币数量，就会刺激通货膨胀。如果放慢货币增长速度，又会出现经济增长率降低，失业率暂时偏高，通货膨胀率在一定时期内也难以降低的副作用。因此，若要降低通货膨胀率，至少需要滞后一年至两年才能见效。

众所周知，抑制通货膨胀不良效果的过程十分痛苦。例如，1980 年尽管联邦储备艰难地踩住了货币刹车，但随之而来的是经济的严重衰退，然后就是通货膨胀的急剧下降。1982 年年底，联邦储备开始增加货币增长，经济在短时间内重新恢复，并开始了第二次世界大战后历时最长的一次经济扩张。由此可见，抑制通货膨胀的不良效果是在前显现，而好的效果是在后显现。所以说，通货膨胀的发展需要时间，抑制通货膨胀同样需要时间，治理通货膨胀的痛苦是不可避免的。

实践证明，凡是经历过恶性通货膨胀的地区，都尝到了在物价波动剧烈时期，货币所得在一夜之间变成废纸的滋味。为了防止恶性通货膨胀发生，我们不仅需要从理论与实践上找到通货膨胀的原因，而且需要运用各种经济政策抑制通货膨胀。

要想抑制通货膨胀，就要对于物价的持续上涨进行经常性预测，当预测的物价上涨幅度超出 5%时，政府就应当引起重视，分析引起物价上涨的原因，并考虑应采取什么样的政策措施治理通货膨胀，政策措施执行后的结果是什么等问题。为能够保持物价长期稳定、阻止所得分配恶化。笔者有如下六点建议。

第一，消除战乱是稳定物价最重要的措施。任何经济政策制定都要考虑政治环境，如果政治环境不良，经济政策的实施效果就不会好。正像本书前面分析的，连年战乱是造成恶性通货膨胀的重要原因。

第二，政府需要正确执行预算。如果政府不能正确地执行预算，就有可能引起以下两种通货膨胀现象。其一，政府每年从事预算编制，当一项连续性支出无法结束，出现了庞大的赤字，而增税又不容易时，政府就会增发通货来抑制通货膨胀。可是过多的通货又会因发行的通货具有累积效果再次导致通货膨胀。其二，政府规划大规模经济建设（主要是公共建设），如果设计和评估不当，也可能造成无法支付。

第三，保障主要民生物资来源充裕及供应渠道畅通。特别是粮食价格和石油价格的稳定与否，关系到通货膨胀是否发生。因为，粮食短缺与石油价格的暴涨会引起通货膨胀。

第四，要考虑到季节性和重要节假日变动对物价的影响（如春节等），调整好供需关系。另外，如果个别物资短缺又不能及时补充，就会形成这种物资价格的暴涨，物价不能稳定。因此，必须消除个别物资的供应垄断现象，避免物价大幅度波动。

第五，关注货币持续贬值的影响。一般来讲，货币贬值通常有两个主要原因：一个是贸易逆差持续增大；另一个是国内物价大幅上涨，致使对美元贬值。针对这两个原因，政府所能做的实在有限，需要依靠民营企业提高其竞争力，增加出口，使贸易逆差转变为贸易顺差，或运用外汇存款，大量进口物资，抑制物价上涨。

第六，做好预警工作。通货膨胀发生之前会有先兆，预测工作者应运用计量方法进行监测和预警工作。

后 记

拙作《基于货币动态调控的经济模型理论与分析》终于出版了。回顾近两年的资料收集、构思、写作、修改、定稿和出版，充满了辛苦和快乐。这本书的出版是笔者坚持治学道路的结果。

改革开放以来，由于经济政策的不断调整，经济结构发生了改变，越来越多的学者将货币动态调控作为研究的重点，笔者在查阅大量文献、资料，经过认真梳理和思考的基础上完成了本书，但是仍为许多有价值的问题未能逐一论述和进行更深入的研究而感到遗憾。例如，书中没有对模型部分进行深入的分析等，许多问题也有待进一步深入探讨。由于本书内容涉及的问题具有相当的深度和广度，而本人能力有限，书中的分析与论述难免存在不当和错误，欢迎读者共同探讨和批评指正，笔者将在今后的研究过程中进一步加以完善。

借此机会，笔者衷心感谢对本书进行过指导的王宏昌教授，衷心感谢对本书提出过建议的同事，衷心感谢对本书出版提供过帮助的朋友，衷心感谢对本书出版进行专业指导的中国财富出版社的编辑们。

谨将此书献给我亲爱的家人！

王 莉

2019 年 10 月于北京海淀中关村